POÉSIES

DE

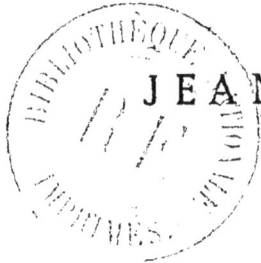

JEAN BABU

TIRAGE :

100 Exemplaires sur papier de Hollande (nos 11 à 100).
  10   —   sur papier Whatman   (nos 1 à 10).
110 Exemplaires.

N^o ▬▬▬▬

POÉSIES

DE

JEAN BABU

CURÉ DE SOUDAN

SUR LA RUINE DES TEMPLES PROTESTANTS

DE CHAMPDENIER

D'EXOUDUN

DE LA MOTHE-SAINT-HÉRAYE

(1663-1682)

Publiées avec Notices Commentaires et Pièces justificatives

Par M. Alfred RICHARD

ARCHIVISTE DE LA VIENNE

POITIERS

P. BLANCHIER, LIBRAIRE-ÉDITEUR

—

1896

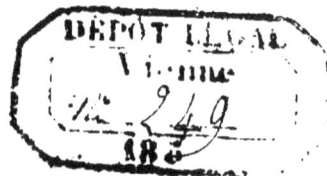

AVANT-PROPOS

———•○•———

Lorsque nous avons donné en 1878 une nouvelle édition des œuvres de Jean Drouhet, le maître apothicaire de Saint-Maixent, notre intention était de faire suivre cette publication de celle des poésies de Jean Babu, son compatriote. Nous venions de restituer à ce dernier le petit poème sur la destruction du temple de Champdenier, jusqu'alors attribué à Drouhet, et nous aurions pu en le joignant à son œuvre posthume, ses Eglogues sur différentes matières de controverse qui composaient, à ce qu'il semblait, tout son bagage littéraire, constituer un nouveau volume de poésies patoises. Mais ce résultat nous parut insuffisant. Babu, en tête de sa première églogue, apprend en effet à ses lecteurs qu'il avait mis en langage populaire les Bucoliques de Virgile, et La Terraudière, son éditeur, célèbre dans une pièce liminaire de ces Eglogues les vers qu'il composa à l'occasion de la destruction des temples de Champdenier et de Saint-Maixent. Ces indications étaient trop précises pour que nous puissions y rester indifférent : aussi, laissant de côté toute idée d'une publication immédiate, nous sommes-nous mis à la recherche des œuvres qui nous étaient ainsi révélées. Tout d'abord nous devons avouer que nos efforts n'ont pas été couronnés d'un plein succès : nous n'avons relevé aucune trace de la traduction de

Virgile, non plus que du récit de la destruction du temple de Saint-Maixent. Pour expliquer en partie ce résultat négatif, nous devons dire qu'en règle générale on ne rencontre que rarement, dans les dépôts publics ou les collections privées, des œuvres patoises manuscrites ou imprimées; nous ajouterons que, dans les masses considérables de papiers remués par nous dans notre carrière d'archiviste, nous n'avons jamais recueilli de pièces patoises en prose, et seulement quelques chansons manuscrites, pour la plupart en état déplorable : quant aux imprimés, ils se comptent.

Mais, si l'objet principal de nos recherches nous a échappé, celles-ci n'ont pas été toutefois absolument infructueuses. Nous avons mis la main sur deux pièces curieuses, rentrant dans le même ordre d'idées que l'une de celles que nous pourchassions avec tant de soin, et qui sont les récits en vers patois de la destruction des temples d'Exoudun et de la Mothe-Saint-Héraye. Nous dirons en leur lieu, dans la biographie de Babu, les motifs qui nous portent à lui en attribuer la paternité. Toujours est-il que, nous trouvant en possession de trois documents d'un haut intérêt aussi bien pour le langage que pour l'histoire religieuse de notre province, nous n'avons pu résister au désir de les produire au grand jour. Nous publions donc, en les accompagnant de commentaires et de quelques pièces justificatives, ainsi que nous l'avons fait pour les poésies de Drouhet, ces relations de la démolition des trois temples protestants de Champdenier, d'Exoudun et de la Mothe-Saint-Héraye. Nous ne rééditerons pas les Eglogues, qui sont une œuvre de pure controverse, dans laquelle, comme l'a justement remarqué Dreux du Radier (*Bibl. hist. du Poitou*, t. IV, p. 318), il s'en faut que Babu ait rendu les expressions et les tours du patois ; en général, le langage qu'il emploie est du français parlé dans la forme patoise et qui sous sa plume conserve presque toute son élégance.

Comme notre but est de faire une œuvre aussi historique que philologique, nous joignons à l'édition de ces trois pièces, identiques de nature, une chanson de 1719 qui relate un épisode de l'histoire protestante de la même région ; elle offre un grand intérêt, en ce sens qu'elle se rapporte à une époque où reparurent au grand jour les croyances que l'on avait pu croire anéanties par l'effet des mesures dont la destruction du temple d'Exoudun en 1667 marque le début. Enfin, pour relier ensemble les faits, dont le premier s'est produit en 1663 et le dernier en 1719, qui ont été la cause initiale de ces poésies, il nous a paru à propos de faire précéder notre publication d'un coup d'œil sur l'histoire du protestantisme en Poitou, pendant cette période de soixante années, et qui est même poussé jusqu'à la fin de l'Ancien Régime ; c'est, du reste, le bref résumé des conférences que nous avons faites sur ce sujet à la Faculté des lettres de Poitiers au mois de février 1889, et auquel nous joignons, à titre complémentaire, le bien curieux procès-verbal, dressé par notaires, d'une dragonnade de 1681. On y trouvera encore un historique de la destruction du temple de Saint-Maixent, en vue de la découverte possible du poème de Babu, et la reproduction par la photogravure des Tables de la loi d'un des temples démolis, que nous avons tout lieu de croire être celui d'Exoudun ; enfin, pour compléter l'intérêt du volume, nous avons placé en tête une biographie de notre poète, dressée, comme nos commentaires, avec des documents en grande partie inédits.

A. RICHARD.

NOTICE SUR JEAN BABU

———×———

A la fin du xvi⁰ siècle, il existait à Saint-Maixent une famille de fabricants d'étoffe du nom de Babeu. Elle résidait dans les faubourgs de cette ville, tant dans le faubourg Charrault qui dépendait de la paroisse rurale de Saint-Martin de Saint-Maixent, que dans la partie du faubourg Châlon, rattachée à la paroisse d'Exireuil. Un de ses membres, Jean, marchand sergetier, épousa en secondes noces Mathurine Caillon, qui appartenait à une honorable famille de praticiens et d'hommes de loi. Par suite de son mariage, il vint se fixer en ville sur la paroisse de Saint-Léger, où naquirent plusieurs de ses enfants : Jean, baptisé le 14 mars 1630 ; autre Jean, baptisé le 22 mai 1631 ; André, baptisé le 10 juillet 1633. (Arch. de Saint-Maixent, GG. 28, p. 114 v⁰, 123 v⁰ et 135 v⁰.) Les écrivains qui, dans ces derniers temps, se sont occupés de Jean Babu, n'ont connu que l'acte du 14 mars 1630, et ont adopté cette date comme étant celle de sa naissance. Telle n'est pas notre opinion ; le baptême d'un second garçon du nom de Jean, quatorze mois après celui d'un premier enfant portant ce nom, nous paraît au contraire indiquer que ce dernier était décédé avant la venue au monde de son frère, et qu'à nouveau l'on donna à celui-ci ce prénom de Jean qui était traditionnellement porté par les aînés de la famille.

Voici au surplus les deux actes de baptême :

« Le quatorziesme jour de mars mil six cents trente a esté
« baptizé en l'église de Sᵗ Léger, par moy curé soubsigné,
« Jehan, fils de Jehan Babeu, marchant sargettier, et de Mathu-

« rine Cailhon, conjoincts. Fut parrein M. Jehan Couldré, notaire
« royal en ceste ville de S¹ Maixent et marreine dame Marie·
« Bouhereau, femme de M. Guillaume Le Riche, prévost de ceste
« ville. Faict les jour et an que dessus. COUDRÉ. MARIE BOUHE-
« REAU. FOUQUES, curé. »

« Le vingt et deuxiesme may mil six cents trente et un a esté
« baptizé en l'église parrochialle de S¹ Léger, par moy curé
« soubsigné, Jehan, filz de Jehan Babeu, marchant sargettier, et
« de Mathurine Cailhon, conjoincts. Fut parrein Jehan Faidy,
« marchant mousnier et marreine Renée Loyer. Faict les jour
« et an que dessus. J. FAIDY. JEHAN BABEU. FOUQUES, curé. »

Le registre qui porte ces deux actes n'est qu'une transcription
authentique, faite par le curé Fouques, des actes de baptême de
sa paroisse, allant de 1617 au 20 juin 1631. Lui-même nous apprend que jusqu'à cette dernière date ils étaient généralement
écrits sur des feuilles volantes, et que s'étant décidé à employer
désormais un registre pour cet objet, il transcrivit sur ce registre
tous les actes à partir de 1617, en les faisant signer, autant que
possible, par les intéressés. Par hasard, l'acte de naissance du
second Jean Babu avait été inscrit au revers de la feuille de couverture d'un registre annulé par le nouveau (GG. 28, p. 3), et comme il
contient quelques différences avec l'acte reproduit plus haut, nous
croyons utile de le donner aussi. Il est ainsi conçu : « Le jeudy
« 22 may 1631 a esté par moy curé soubsigné, en l'église parro-
« chialle de S¹ Léger, baptizé Jehan, filz de Jehan Babu, mar-
« chand et de Mathurine Cailhon, ses père et mère. Fut parrein,
« Jehan Faidy, aussi marchant, et marreine Renée Loyer. Faict
« les jour et an que dessus. FAIDY. JEHAN BABEU. HERCULES BABEU.
« L. FOUQUES. »

Hercule Babu, dont le nom ne se retrouve pas dans l'acte renou-
velé, avait signé au premier en qualité de frère aîné du nouveau-
né ; il était issu d'un premier mariage de Jean Babu avec Marie
Chartrain, qu'il avait épousée le 17 juin 1617 dans l'église de
Saint-Saturnin de Saint-Maixent, les offices ne se célébrant plus
dans celle de Saint-Martin, ruinée pendant les guerres de Religion
(GG. 13, p. 7).

On peut croire que, tout enfant, Jean Babu donna les marques
d'une intelligence très développée, ce qui porta ses parents à le

tourner vers l'état ecclésiastique. Un petit fait nous fournit du
reste la preuve de la rectitude de son jugement et de la décision
de son caractère, lorsqu'il était encore sur les bancs de l'école.
Son nom de famille s'écrivait Babeu, mais se prononçait Babu,
comme la plupart des mots de la langue française qui se termi-
naient par la diphtongue eu. Or on trouve sur les registres de la
paroisse de Saint-Saturnin (Arch. de Saint-Maixent, GG. 11, p. 2)
sa signature apposée en qualité de parrain, le 31 janvier 1644, au
bas de l'acte de baptême de Jean, fils de son frère Hercule
Babeu, marchand sergetier au faubourg Châlon, et d'Anne Bon-
nin. Cette signature, ornée d'un paraphe, est ainsi tracée : JEAN
BABU, et l'on doit avouer qu'il n'est pas ordinaire de voir un
enfant de treize ans faire à son nom de famille une correction
grammaticale qui ne prévaudra qu'un siècle plus tard.

Cinq ans après, le 9 octobre 1649, il est encore parrain à Saint-
Léger, et d'après l'acte où il se fait qualifier de « maître Jean
Babu, écolier », on peut augurer qu'il poursuivait ses études avec
succès (Arch. de Saint-Maixent, GG. 11, p. 70) ; enfin nous le
retrouvons en 1658 prêtre et stipendiaire de la Madeleine. Les
stipendies de la Madeleine, privativement réservées aux prêtres
natifs de Saint-Maixent et y résidant, avaient été fondées à une
date reculée, au nombre de douze, dans le but de fournir des
auxiliaires au clergé paroissial et de donner plus de solennité
aux cérémonies religieuses, auxquelles les titulaires de ces charges étaient tenus d'assister. C'est en cette qualité que Babu fit
le 31 juillet et le 1ᵉʳ août 1658 deux baptêmes dans l'église de
Saint-Saturnin (Arch. de Saint-Maixent, GG. 12, p. 14 v⁰). Mais le
revenu de 200 livres, alors affecté à chacune des stipendies, ne
suffisait pas à son ambition, et afin de profiter des avantages
réservés par le Concordat de François Iᵉʳ aux gradués des Universités qui, grâce à lui, jouissaient d'un droit de préférence sur
les bénéfices venant à vaquer pendant certains temps de l'année
et dépendant des établissements où ils avaient fait insinuer leurs
titres, il se fit recevoir bachelier en théologie dans l'Université
de Poitiers. Il s'arrêta à ce grade qui lui suffisait pour le but qu'il
voulait atteindre et il fit insinuer ses lettres de prêtrise et de gradué sur les registres du chapitre cathédral de la Rochelle.

Ce choix, qui paraît un peu anormal, cachait un dessein bien arrêté. Le chapitre de la Rochelle possédait le droit de présentation pour la cure de Champdenier, gros bourg situé à 4 lieues de Saint-Maixent, et c'est sur elle que Babu avait jeté son dévolu. Le titulaire en était alors Richard Le Rat, normand de nation, qui en 1655 avait succédé à Pierre Genu, son compatriote ; ce dernier, qui avait sans nul doute démissionné en faveur de Le Rat, était passé à la cure de Saint-Saturnin de Saint-Maixent, et ce fut indubitablement sur ses conseils et avec son aide que Babu parvint à se faire pourvoir de la cure de Champdenier dont Le Rat lui abandonna le titre à la fin de l'année 1658.

On ne connaît sa prise de possession que par la présence de sa signature au bas d'un acte de baptême du 5 janvier 1659. Esprit méthodique, il tint ses registres avec un soin particulier, ce que ne paraît pas avoir fait son prédécesseur immédiat qu'il a accusé avec une certaine acrimonie, en tête d'un registre ouvert le 27 octobre 1659, d'avoir emporté ou caché les papiers de baptêmes de ses prédécesseurs (Arch. de la mairie de Champdenier).

Il conserva pendant une partie de l'année sa stipendie de la Madeleine jusqu'au jour où, suivant l'usage, il dut avec ses confrères venir en faire la démission entre les mains du Corps de ville de Saint-Maixent. Il en était encore pourvu en 1659, quand il procéda au baptême d'un enfant, né de père inconnu, dans l'église de Saint-Léger (Arch. de Saint-Maixent, GG. 28, 303 v°).Il ne fut pas renommé, sa résidence hors de la ville ne lui permettant pas de s'acquitter des obligations imposées aux stipendiaires. D'autre part, il y avait pour le moment de graves motifs qui rendaient nécessaire sa présence continue dans sa paroisse. Depuis plusieurs années l'exercice du culte réformé avait été interdit à Champdenier, mais les arrêts de la justice étaient restés sans effet; les exceptions dilatoires soulevées par les intéressés avaient pendant longtemps retardé leur exécution, et il ne fallut rien moins pour y mettre fin qu'un arrêt du Parlement en date du 1er juin 1663, qui ordonna la démolition du temple. L'arrêt reçut son exécution dans le courant de septembre, à la grande satisfaction de Babu, qui à cette occasion chanta un *Te Deum* dans son église. Néanmoins il ne semble pas que son zèle religieux ait eu beaucoup de succès auprès de ses paroissiens réformés, car les registres de l'état civil tenus par lui ne mentionnent qu'un très petit nombre d'abjurations. Le pasteur Second de Chauffepied, qui dirigeait l'église protestante de Champdenier depuis 3o ans, continua de résider dans le bourg ; d'une famille noble et riche, alliée aux familles les plus marquantes de la région, il ne cessa d'exercer une influence qui paralysa durant sa vie tous les efforts contraires.

Du reste, Babu ne déploya sans doute pas dans sa paroisse tout le zèle dont il donna des preuves plus tard. Comme Genu, comme Le Rat, il ne voyait dans la cure de Champdenier qu'un poste de début. A proprement parler, ce n'était qu'une vicairie dont un prieur commendataire était curé primitif, et par suite soumise à la portion congrue. Le chiffre du revenu des biens abandonnés par le chapitre de la Rochelle pour faire le traitement du curé devait représenter une somme de 3oo livres. Aussi, dès 1668, songea-t-il à profiter de nouveau de son titre de gradué pour obtenir une situation mieux rétribuée. Il donna, au commencement de cette année 1668, procuration à son confrère, Jean Coralleau, curé de Cours, pour faire insinuer ses « nom, cognom, degrez, quallittez et cappacittez » au secrétariat de l'évêché de Poitiers, afin de pouvoir être pourvu d'une cure qui serait à la nomination directe de l'évêque, et dont tous les revenus lui seraient dévolus. Mais son mandataire, qui avait pris soin de faire enregistrer l'acte d'insinuation au greffe de la cour ecclésiastique du diocèse, perdit et la procuration et l'acte d'insinuation. Craignant que cet accident ne lui causât quelque préjudice et ne retardât le succès qu'il pouvait espérer, Babu fit, le 24 août 1669, une sommation au curé de Cours, par l'intermédiaire de deux notaires de la châtellenie de Champdenier, d'avoir à lui remettre les pièces qu'il aurait dû détenir, afin de pouvoir suppléer à leur perte par la déclaration authentique de son mandataire, ce qui s'exécuta de point en point. (Arch. des Deux-Sèvres ; acte publié par l'abbé Largeault, *Bull. de la Soc. de statist. des Deux-Sèvres*, t. VII, p. 452.)

Il n'était pas facile pour Babu de mettre la main sur un bénéfice qui fût dans sa convenance absolue. Le cas finit toutefois par se présenter en 1673. L'évêque de Poitiers lui donna la cure de Soudan qui se trouva vacante par la résignation que lui en fit Laurent Chaubier, comme lui bachelier en théologie, et qui, après quatorze ans de séjour à Soudan, s'était fait pourvoir de la cure d'Aiffres, près de Niort, où sa famille occupait une importante situation.

Soudan est un petit bourg situé seulement à une lieue et demie de Saint-Maixent, mais le revenu de la cure était de 600 livres, et de plus le curé avait droit de fief dans la paroisse. (Samuel Lévesque, *Mémoire statistique sur l'Election de Saint-Maixent en 1698*, publié par A. Richard, 1875, p. 105.) Le 8 janvier 1673, Babu apposa pour la dernière fois sa signature sur les registres de Champdenier, quatorze années presque jour pour jour après celui où on l'y voit apparaître pour la première fois, et le 2 février il signait un acte de baptême sur ceux de la paroisse de Soudan, sa nouvelle et dernière résidence.

En réalité, le produit de la cure de Soudan était plus élevé que ne le porte l'état officiel que nous avons publié. C'est ce qui ressort d'un acte du 11 septembre 1677, par lequel le curé Jean Babu afferme à François Bonneau, maître apothicaire à Saint-Maixent, et à Marie Auditeau, sa femme, pour cinq années, moyennant la somme de 850 livres par an, payable en quatre termes, le revenu temporel de la cure de Soudan, consistant en métairie (dite la métairie de la cure), dîmes, rentes, cens, légats, ventes et honneurs, droits et émoluments de fief et toutes autres choses quelconques, telles que François Brunet, maître chirurgien, en avait précédemment joui, sauf le logis presbytéral, la grange et le jardin y joignant, que le curé se réservait ; et de plus, le preneur devait payer 100 livres d'épices ou pot-de-vin. (Minutes de Jean Chamyer, notaire royal à Saint-Maixent.)

Dès son installation, Babu donna la marque de son tempérament. Le fief possédé par sa cure s'appelait le Champ-Brunet et relevait de la baronnie d'Aubigny à foi et hommage plein à 5 sous 10 deniers de devoir et 3 sous 4 deniers de service, quand le cas advenait. Babu n'attendit pas l'année, suivant l'usage, pour s'acquitter envers son suzerain des devoirs qui lui étaient dus ; il tint à se parer aussitôt qu'il le put de sa qualité seigneuriale. Dès le 18 mai le sénéchal d'Aubigny reçut son hommage, et le 29 juin, il lui présenta son aveu. Comme à Soudan il n'y avait pas, par exception, de seigneur de la paroisse et que le fief de Champ-Brunet comprenait les maisons et les terres avoisinant l'église et le presbytère, les englobant même, et qui sont encore

aujourd'hui connues sous le nom de Petit-Bourg, il partit de là
pour prendre dans cet acte authentique la qualité de seigneur
de Soudan, ce que n'avaient jamais fait ses prédécesseurs. (Pap.
de la baronnie d'Aubigny et Faye.)

L'ambition de Babu était satisfaite ; il avait dans sa paroisse
une situation prédominante et sa proximité de Saint-Maixent
lui permettait de jouir dans cette ville des avantages que ses
relations de famille et sa valeur personnelle pouvaient lui pro-
curer. Les revenus de sa cure, joints à ceux qui lui étaient pro-
venus de l'héritage paternel, lui créaient une situation indépen-
dante, et l'on voit par un acte de notaire qu'à l'époque de sa
mort il avait un domestique et une servante. Il attira près de
lui des membres de sa famille, car dès 1680 on relève sur les
registres paroissiaux de Soudan le nom d'un Jean Babeu, qui y
comparaît comme parrain avec la qualité d'écolier. Quelques
années après, ce Jean Babeu, devenu notaire royal, venait s'installer à Soudan, où il résida jusqu'à la mort du curé ; il retourna
alors à Saint-Maixent, où l'on voit, d'après l'augmentation du
nombre de ses minutes, que son étude prit un rapide développement, jusqu'alors entravé par son séjour auprès de son oncle.

La descendance du notaire Jean Babeu s'est perpétuée jusqu'à
nos jours à Saint-Maixent où elle compte encore pour représen-
tant M. Léopold Babu, ancien élève de l'Ecole polytechnique et
actuellement professeur à l'Ecole des mines de Saint-Etienne.

Ce n'est pas seulement son neveu que le curé de Soudan avait
appelé auprès de lui. Celui-ci était accompagné de sa mère,
Anne Le Berthon, veuve d'André Babeu, frère cadet du curé, qui
avait béni leur mariage le 17 mai 1666 (Arch. de Saint-Maixent,
GG. 14, p. 83). Du chef de sa femme, André possédait une bou-
langerie dans le faubourg Châlon ; aussi dans un acte du 26 janvier 1675 est-il qualifié de marchand boulanger (Minutes de
J. Chamyer). Ce fait nous donne l'explication d'une erreur qui
s'est à la suite des temps produite au sujet de la personnalité du
curé ; on le disait fils d'un boulanger, tandis que son père était,
comme l'on sait, marchand sergetier, et à ce propos, on en faisait
le héros d'une anecdote, forcément controuvée, que nous avons
entendu raconter dans notre enfance ; à cette époque, le souvenir du curé Babu était encore très vivace parmi les vieilles gens

de Saint-Maixent ; on le citait pour ses reparties spirituelles, et
entre autres on lui attribuait celle-ci : l'évêque de Poitiers étant
venu faire sa visite pastorale, il fut reçu sous un dais que portait
Babu et un autre prêtre, fils de boulanger comme lui ; la chaleur
était très forte, et l'évêque ne put s'empêcher de dire : Ah ! qu'il
fait chaud ici ! — Ce n'est pas étonnant, Monseigneur, repartit
Babu, vous vous trouvez entre deux gueules de four.

Animé d'une foi vive, il s'appliqua à ramener à l'Église catholique les protestants fort nombreux de sa paroisse. Son zèle eut
un succès relatif et fort appréciable, quand on le compare avec
celui obtenu par ses confrères, ce qui témoigne en faveur de
ses bonnes relations avec ses paroissiens.

Mais ce qui dut toucher le plus ces derniers et lui attirer
leur confiance, ce fut le soin qu'il prenait de leurs intérêts. Nous
en avons particulièrement pour preuve une délibération des
habitants que le notaire Babeu a consignée dans ses minutes.
A Soudan, comme dans beaucoup de localités sises sur des
cours d'eau plus ou moins importants, il existait une de ces
vastes prairies, exploitées en commun sous certaines conditions et connues sous le nom générique de ¡« rivières ». Les
propriétaires des divers lots de terre composant la rivière de
Soudan récoltaient la première herbe, puis de la Saint-Jean à la
Notre-Dame de mars, tous les habitants du bourg et de six villages
envoyaient paître leurs animaux dans la prairie qui devenait ainsi
commune, et cette pratique était très avantageuse aux pauvres
gens, journaliers ou hommes de métier, qui, grâce à elle, pouvaient posséder quelques têtes de bétail, dont le produit les
aidait à vivre. Mais Jean d'Aitz, seigneur de la Guillotière, avait
voulu les frustrer de ce droit, reconnu de toute ancienneté, en
faisant clore de fossés un grand pré dépendant de son marquisat de la Villedieu de Comblé, et qui comprenait une part considérable de la prairie. Les habitants de Soudan avaient recouru
à la justice de l'Intendant, et celui-ci leur ayant demandé de lui
envoyer, le 27 mai 1699, quelques habitants chargés d'établir
leurs droits, ils tinrent une assemblée le 24 mai et déléguèrent
leurs syndics ; de plus, ils prièrent leur curé, qui assistait à la
délibération, de vouloir bien faire le voyage de Poitiers et d'ap-
puyer leurs raisons auprès de l'Intendant. Celui-ci y consentit

très volontiers et apposa sa signature sur la délibération. Nous
ne connaissons pas le résultat de ces démarches, mais il est à
croire que l'usage ancien fut maintenu et que Babu y employa
toutes ses facultés ; il devait, en dehors de tout autre motif, être
aiguillonné par le désir de justifier le titre qu'il s'était arrogé,
de seigneur de la paroisse, lequel lui imposait l'obligation morale
de protéger ses sujets.

En ce moment, du reste, il pouvait, comme complément de
sa qualité, sceller ses actes d'un cachet armorié ; en exécution
de l'édit de 1696, il est inscrit sur le deuxième registre de
l'Election de Saint-Maixent, au n° 32, comme portant pour
armes : *d'azur à une croix de vair barbée*. Cette dernière expression est un mauvais jeu de mots sur le nom de Babu, dû peut-
être à lui-même ou plutôt aux commis de d'Hozier qui étaient
assez coutumiers du fait.

Mais le curé de Soudan n'eut pas la satisfaction de recevoir
et de payer le beau parchemin, orné de ses armoiries finement
peintes, qui lui aurait été délivré en échange de ses 22 livres,
car l'arrêt qui authentique les armoiries de ce registre ne fut rendu
que le 2 décembre 1701. Il mourut subitement, en pleine santé,
le 16 ou le 17 novembre 1700, sans qu'il ait pris aucune disposition testamentaire.

Voici son acte d'inhumation inscrit sur les registres paroissiaux de Soudan : « Le dix huitiesme de novembre 1700 fut
« inhumé dans l'église de Nostre-Dame de Soudan, Messire Jean
« Babu, prestre et curé dudit Soudan, en présence des soubsi-
« gnez ; il estoit aagé de soixante et dix ans. PICHAULT, curé de
« St Martin de Pamprou. PALATE, curé de la Motte. E. POPINET,
« pbre et chanoine à Menigoute. DU CARROY, curé de St Eanne.
« J. COUTURIER, curé d'Azay. ITOIT, pbre. BOURDAIZEAU, pbre.
« PICHAULT, curé de Salles. » On remarquera que le rédacteur de
cet acte donna à Babu l'âge de 70 ans, et l'on pourrait inférer de
là qu'il est né en 1630 et non en 1631. Mais nous devrons faire
remarquer qu'en Poitou il était d'usage, et cette habitude s'est
maintenue dans les campagnes, de compter le nombre d'ans
d'une personne à partir du jour où une nouvelle année est commencée ; nous dirions aujourd'hui que Babu est mort dans sa
soixante-dixième année, tandis qu'en 1700 on écrit qu'il avait

soixante-dix ans. Du reste, sans sortir de notre sujet, nous pouvons produire un autre exemple de ce fait. Le 28 avril 1668 fut célébré à Champdenier le mariage de Marguerite Babeu, nièce du curé, fille de son frère aîné Hercule, avec Pierre Chappelain, sieur de la Sausaye. L'acte porte que Marguerite avait vingt-deux ans ; or, comme elle était née le 1er mars 1647 (Arch. de Saint-Maixent, GG. 11, p. 2), il est clair qu'elle était seulement dans sa vingt-deuxième année.

A défaut d'acte authentique ayant suivi le décès de Babu, nous ne savons ce que devinrent son mobilier et ses papiers. Un état de ces derniers aurait été bien précieux pour nous renseigner exactement sur l'importance de son bagage littéraire, car il a ceci de caractéristique, c'est que pour ses œuvres il n'a pas recherché la publicité. Elles sont anonymes, et celles que nous connaissons ne nous ont été véritablement révélées que par la dernière qui est posthume.

Babu était un esprit très lettré et il dut faire d'excellentes études de latinité, voire même de théologie. Lorsqu'il demeurait à Saint-Maixent et que les charges de sa stipendie étaient loin d'absorber tout son temps, il se livra à la poésie ; une parité de goûts et de sentiments religieux le rapprocha de Jean Drouhet, alors dans la maturité de l'âge, et ce devait être un familier de la boutique de l'apothicaire où l'on faisait des vers et surtout des vers patois.

Les premiers essais du jeune stipendiaire ne nous sont pas parvenus et sa première œuvre connue, qui se date elle-même, est de l'année 1663. Il avait alors trente-deux ans et était curé de Champdenier. A l'imitation de Drouhet qui avait employé sa verve gauloise à combattre par l'ironie les doctrines protestantes, dans le récit de la conversion du pasteur Cotiby et dans la Mizaille à Tauni, il s'essaya dans le même genre à propos d'un événement qui se passait dans sa paroisse, et dont nous avons parlé plus haut.

Pendant qu'en vertu de l'arrêt du Parlement on opérait la démolition du temple de Champdenier, il en écrivait de verve la relation, et ce fut en effet une œuvre de verve et toute primesautière, car c'est le 13 septembre 1663 que les faits qu'il racontait se passaient, et le 20 septembre l'œuvre, contenant 198 vers, était soumise à l'examen du lieutenant général de la sénéchaussée de Poitiers, lequel donnait la permission de l'imprimer, ce qui se fit aussitôt. C'est un récit didactique, dans lequel les lamentations d'un des fidèles (*les deloiremont d'in oncien des huguenots*) nous font assister dans tous ses détails à la ruine du temple, et il est assez dans le ton que l'auteur avait adopté pour que de prime abord des lecteurs peu attentifs ne discernassent pas son véritable caractère. Il eut pour éditeur Pierre Amassard, imprimeur et libraire de Poitiers ; celui-ci, dès 1661, avait entrepris la publication des œuvres de Drouhet dans un format petit in-4°, qu'il employa aussi pour le poème de Babu. Le titre qui est anonyme, la permission qui ne mentionne pas l'auteur, maintenaient l'équivoque que celui-ci avait recherchée. Du reste, les *Deloiremont* généralement intercalés à leur date au milieu du recueil des œuvres de Drouhet, imprimés dans le même format et avec les mêmes caractères, ont passé pour être l'œuvre de l'apothicaire Saint-Maixentais jusqu'au jour où nous avons dévoilé leur véritable origine (*Les Œuvres de Jean Drouhet*, p. 11).

Le succès qui accueillit cette publication engagea Babu à suivre la voie qu'elle lui ouvrait, et dans la même forme il composa le récit de la destruction du temple d'Exoudun, effectuée le 10 janvier 1667. Cette fois ce n'est pas le « deloiremont », mais bien la « doleonce » d'un huguenot, que l'auteur nous fait entendre, et comme de juste l'œuvre est encore anonyme ; mais on ne saurait la refuser à Babu. Elle a été coulée dans le même moule que les *Deloiremont*, et on sent qu'elle est de la même main. Toutefois le sujet est mieux traité, d'une façon plus large ; il a été plus travaillé et l'auteur ne se confine pas dans le simple récit de l'événement, il en recherche les causes et en apprécie les conséquences. Ce progrès, on le constate successivement dans toutes les œuvres de Babu.

Celle-ci avait jusqu'à ce jour échappé à tous les regards, quand nous l'avons rencontrée par hasard en feuilletant le bel exemplaire de la *Gente Poitevin'rie* que possède M. Arthur Labbé, bibliophile châtelleraudais, et qu'il a mis bien obligeamment à notre disposition. *La Doleonce d'in Huguenot sur le pidou estat de lou Tomple* (tel est le titre exact que porte cette plaquette, et dans lequel le nom *d'Essoudin* a été sûrement omis par l'imprimeur)

est placée dans le volume entre ses deux parties, avant le *Rolea*.
Il ne faut pas croire que ce soit à un possesseur de ce volume, à
celui qui lui a fait donner par Chambolle-Duru une belle reliure
en maroquin rouge, que cette intercalation est due. Non, elle est
du fait de l'imprimeur de la plaquette, de Jean Fleuriau, l'éditeur de la *Gente Poitevin'rie*. Ce dernier, pour faciliter la vente
des exemplaires restés en magasin, eut l'idée d'imprimer la pièce
de Babu dans le même format que le restant du volume, et de
lui donner le titre courant de *Gente Poitevin'rie*, qu'il portait. Il est probable que le fait que nous signalons n'est pas
isolé, et qu'il doit se trouver d'autres exemplaires de notre
célèbre recueil patois auquel auront été annexées la *Doleonce* et
peut-être quelques autres œuvres fugitives de même caractère.

Celle-ci et la précédente ont été composées à Champdenier,
et Babu était déjà depuis neuf ans curé de Soudan, quand un
événement de même nature que ceux auxquels il avait appliqué
ses facultés, et qui se passa à côté de chez lui, dans une paroisse
limitrophe, l'amena à reprendre la plume. Le 5 mai 1682 se fit
la démolition du temple de la Mothe-Saint-Héraye ; il n'en fut
pas le témoin oculaire, mais les détails précis qu'il rapporte
attestent qu'il tenait de source sûre la relation de ce qui s'était
passé. Cette fois, il abandonna la forme didactique et recourut
au dialogue, qui donnait plus de vie à son récit. Un surveillant
huguenot, un surveillant converti se répondent l'un l'autre, et
leur entretien se termine sur cette pensée qu'il faudrait qu'il n'y
eût plus de ministres ni de temples et qu'alors assurément tout
le monde ne tarderait pas à aller à la messe.

Nous avions signalé cette pièce dans notre nouvelle édition des
œuvres de Jean Drouhet, p. 11, mais nous n'en connaissions
que quelques vers. Depuis, nous avons retrouvé la pièce elle-
même dans un recueil manuscrit de la Bibliothèque de Poitiers.
Ce recueil, qui date de la fin du xviie siècle et qui contient entre
autres la copie des deux dernières poésies de Drouhet, est porté
sur le catalogue imprimé des manuscrits de la Bibliothèque de
Poitiers sous le n° 220. Nous ne saurions dire si la pièce que
nous publions a déjà été imprimée ; en tout cas, pour nous, elle
est absolument inédite.

C'est à cet endroit qu'il conviendrait de parler du récit de la destruction du temple de Saint-Maixent opérée au mois d'avril 1685, mais nos efforts pour retrouver cette pièce sont restés jusqu'à ce jour infructueux ; on ne saurait pourtant nier son existence. L'éditeur des œuvres posthumes de Babu, Augier de la Terraudière, dit expressément dans une des pièces liminaires de son édition, pièce que nous reproduisons comme l'élément le plus certain de la biographie littéraire de notre poète, qu'il composa des vers sur la destruction des temples de Champdenier et de Saint-Maixent ; à ces deux œuvres, la première et la dernière de Babu en ce genre, il semblait attacher une importance spéciale ; aussi, comme il est possible que l'on mette quelque jour la main sur le récit de la destruction du temple de Saint-Maixent, avons-nous préparé, avec les documents inédits que nous possédons, un commentaire historique de cette pièce, du même genre que ceux dont nous avons fait précéder les trois autres.

Ce sont seulement les circonstances qui avaient provoqué la naissance de ces petits poèmes ; mais à cela ne se borna pas la production littéraire de Babu. Il consacra ses loisirs de curé, à Champdenier et à Soudan, à la traduction en patois poitevin des Bucoliques de Virgile. Lui-même en fait l'aveu dans les quatre premiers vers de son œuvre posthume, quand il dit :

> Mé qui dans mon largon fis dos Vers plus de mille,
> Pr'expliquer à nos gens les œuvres de Virgile ;
> Mé qui chanty Titire, Alexi, Coridon,
> Et Semele endormy so l'ombre d'in Brandon ;

or, les Bucoliques comptant plus de huit cents vers, il faut prendre à la lettre les paroles du poète.

De cette œuvre nous ne connaissons pas un vers, et il est à craindre qu'elle ne soit irrémédiablement perdue. Il aurait été pourtant curieux, en dehors de toute autre considération, de comparer le génie poétique du curé de Soudan avec celui de l'abbé Gusteau, prieur-curé de Doix, qui, au milieu du siècle suivant, a traduit en patois poitevin la première églogue de Virgile.

Toutefois, dans sa dernière résidence, Babu crut devoir consacrer à un objet plus utile ses loisirs et son talent. Lorsque la révocation de l'édit de Nantes eut semblé avoir ramené à une même foi tous les sujets de Louis XIV, le curé de Soudan fut de ceux-là qui ne se laissèrent pas tromper par l'apparence, et il comprit que pour arriver d'une façon plus sûre au but poursuivi et rendre réelles les rapides conversions qui venaient de se produire, il fallait toucher véritablement le cœur des nouveaux convertis. On en comptait trois cents dans sa paroisse en 1698, sur lesquels, selon l'auteur de l'Etat de l'Election de Saint-Maixent à cette date, cent vingt faisaient leur devoir. Il eut alors l'idée, pour se faire entendre plus facilement de ses paroissiens récalcitrants, de leur expliquer dans leur langage la doctrine de l'Eglise catholique sur les points qui s'éloignaient le plus de l'enseignement qu'ils avaient reçu jusque-là et qui prêtaient le plus à la controverse. Déjà quelques tentatives avaient été faites dans ce sens lors de la révocation de l'Edit, mais elles n'avaient eu que peu de durée, et ne furent pas renouvelées, ainsi que Babu nous l'apprend dans son Eglogue II :

T'en sevent-o, mon feil, quand on nous fit virer,
Do tabus que n'eurons durant quatre Semoine,
Qu'on ne veiet chez nous ren que Prêtre & que Moine,
Et mille autre itau gens qu'on ne peut trop hayr,
Qui nous disions trétous qu'o felet oboyr,
Qu'on devet à present tous rentrer dans l'Eglise.

Le curé de Soudan n'avait pas attendu la venue des missionnaires pour prêcher cette doctrine ; il travailla pendant vingt ans, dit son panégyriste, à la « réunion » de ses paroissiens, et c'est dans ce but que, dédaignant d'employer « la politesse du style et la noblesse de l'éloquence » qu'il possédait, il préféra recourir au moyen qu'il croyait le plus sûr pour arriver à se faire entendre de gens dont il savait, au reste, apprécier les qualités privées :

Y veux do même style expliquer la Creance,
Et faire ver l'esprit dos Hugueneaux de France,
Y veux dire l'esprit de lour Religion,
Pis pre tuer les gens que la Contagion.
Y ne dirai jà ren qui ne set dans loux Livre,
Y ne veil point gloser sur loux façon de vivre,
Qui sans ren deguiser vault meil de bonne foy
Que loux Instruction, loux Doctrine & loux Loy.

Ces vers se trouvent au début de la première des XI églogues qui composent l'œuvre à laquelle, en souvenir de ses primitives compositions, il donna le titre d' « Eglogues poitevines sur différentes matières de controverse, pour l'utilité du vulgaire du Poitou ». Les sous-titres que portent ces églogues indiquent d'une façon très précise les sujets qui y sont traités, et quant à leur valeur, nous nous contenterons de reproduire l'appréciation qu'en donne Dreux du Radier : « En qualité de théologien, écrit-il, le curé de Soudan dit d'excellentes choses et paroît très versé dans les matières dont il parle, et familier avec l'Ecriture qu'il cite souvent, avec nos bons livres et même avec ceux des protestants. »

L'œuvre fut terminée dans le courant de l'année 1700, car l'on peut induire du 45e vers de la deuxième églogue que Babu y travaillait encore en 1699 ; cette fois, le vieux curé, cédant aux sollicitations de ses amis, se décida à recourir à la publicité qu'il avait jusque-là dédaignée. Il voulut même placer son volume sous un puissant patronage, et l'amiral d'Estrées, qui comme maréchal de France avait le commandement supérieur des troupes qui occupaient les garnisons du Poitou, de la Saintonge et de l'Aunis, en accepta la dédicace. Mais la mort surprit Babu avant que l'impression fût commencée et ses héritiers abandonnèrent la publication des Eglogues à l'un des familiers du poète, Augier de la Terraudière, avocat et ancien maire de Niort ; celui-ci les fit imprimer sous ses yeux, sans nul doute à ses frais, et plaça en tête deux pièces de vers, l'une en français, l'autre en patois, consacrées à la glorification de l'auteur. Nous passerons la première sous silence, mais il nous paraît bon, comme nous l'avons dit, de reproduire la seconde à la fin de cette notice, car sans elle il ne nous serait sans doute jamais arrivé de reconnaître et de retrouver les premières œuvres de Babu.

C'est à ce petit volume qu'il doit d'avoir pris rang parmi les écrivains poitevins ; aussi Dreux du Radier, qui lui donne à tort, d'après Terraudière, la qualité de docteur en théologie, n'a-t-il eu garde de l'oublier dans sa *Bibliothèque historique du Poitou*. Il lui consacra (t. IV, p. 311-319) une notice presque exclusivement littéraire qui a servi de base à celle insérée par Briquet dans sa Biographie des Deux-Sèvres (*Hist. de la ville de*

Niort, 1832, t. II, p. 33). Dans ces derniers temps, l'attention s'est un peu tournée vers la personne de Babu ; quelques actes authentiques l'intéressant ont été publiés dans le *Bulletin de la Société de statistique des Deux-Sèvres* (III* série, t. VII, 1888-1890, p. 449-453), par MM. Louis Lévesque et l'abbé Largeault ; ce dernier a même esquissé sa biographie dans un article du journal la *Revue de l'Ouest*, n° du 31 décembre 1889, et enfin M. Léo Desaivre, dans son *Histoire de Champdeniers*, 1893, p. 278-282, lui a donné une place dans le livre d'or de cette localité.

Nous ne saurions prétendre avoir dit le dernier mot sur notre poète, car il faut espérer que l'avenir réservera aux chercheurs quelque précieuse trouvaille, aussi prenons-nous soin de faire cette réserve en établissant la liste qui suit de ses œuvres publiées ou inédites

1° *Les* // *Deloiremont* // *d'in Oncien des Huguenots* // *de Chondené apré la rouine* // *do Préche.* // *Sur tout ce qui s'est fait et passé pendant* // *la démolition du Temple, le treizième* // *Septembre mil six cens soixante-trois.* // *A Poictiers,* // *Par Pierre Amassard, Imprimeur* // *& Libraire, dans l'Allée du Palais,* // *& au-dessous du Moulin à vent.* // *Avec permission.* In-4° de 8 pages.

Cette pièce a été réimprimée par M. Favre dans son *Glossaire du Poitou, de la Saintonge et de l'Aunis*, Niort, 1867, p. xxxvii, comme spécimen du dialecte patois de Saint-Maixent, et par M. L. Desaivre dans son *Histoire de Champdeniers*, p. 305, lequel a donné l'explication de quelques mots qui ne se trouvent pas dans les glossaires.

2° *La Doleonce d'in Hvgvenot* // *sur le pidou estat de lou Tomple.* In-12 de 6 feuillets dont le dernier est blanc, paginés de 1 à 10, et dont les signatures sont A, A², A³. (Imprimé sans doute à Poitiers par J. Fleuriau en 1667.)

3° *Dialoge su la destruction do tomple de la Mothe S. Heraie. 5 mai 1682.* Cette pièce ne paraît pas avoir été jamais imprimée et n'est connue que par la copie qui se trouve dans le manuscrit n° 220 de la Bibliothèque de Poitiers, fol. 60-66. (Lièvre et Molinier, *Catal. des Manusc. de la Bibl. de Poitiers*, 1894, p. 66.)

Ces trois pièces sont publiées dans le présent volume.

4º Récit de la destruction du temple de Saint-Maixent en 1685. — N'a pas été retrouvé.

5º Traduction en vers patois des Bucoliques de Virgile. — N'a pas été retrouvée.

6º *Eglogues // Poitevines, // sur differentes // Matieres de Controverses, pour // l'utilité du vulgaire de Poitou. // Dedié à Monseignevr le // Maréchal d'Estrées, // Commandent pour Sa Majesté dans les // Provinces de Poitou, Xaintonge & Aunix. // Par feu Messire Jean Babu, Docteur // en Theologie, Prêtre & Curé // de Soudan. // A Nyort, // Chez Jean Elies, Imprimeur & // Marchand Libraire, Sous les Halles. // M. DCCI. // Avec Approbation & Permission.* In-12 de 99 pages de texte et 8 feuillets non paginés, consacrés au titre, aux pièces liminaires et à la table. En tête se trouve la dédicace au comte d'Estrées, signée TERRAUDIÈRE, puis viennent un *Avertissement,* écrit en style élevé, que Dreux du Radier attribue avec assez de vraisemblance à l'abbé Maboul, licencié de Sorbonne, qui dans une *Approbation,* datée de Niort le 11 avril 1701, reconnut la parfaite orthodoxie de l'œuvre, la *Permission* donnée le 12 avril par Joseph Jouslart, chev., sgr de Fontmort, président au siège royal de Niort, à Jean Elies, imprimeur en cette ville, d'imprimer et de débiter le volume des *Eglogues* pendant six années, et enfin deux *Epîtres* adressées par Terraudière à Babu et signées par lui, dans lesquelles il le complimente sur son livre de controverses.

En 1875, M. L. Favre, imprimeur à Niort, ayant entrepris une Bibliothèque du patois poitevin dans laquelle il annonçait devoir réimprimer tous nos anciens auteurs, commença la série par les Eglogues de Babu ; il les fit précéder d'une notice qui n'est guère autre chose que la reproduction textuelle de celle de Dreux du Radier et suivre d'un glossaire fort bref, dont tous les mots se retrouvent dans son *Glossaire du Poitou* de 1867 et dans le *Supplément* paru en 1881.

1**

Epître d'Augier de la Terraudière à Babu, placée en tête des Eglogues poitevines.

A MONSV BABV, CVRÉ DE SOVDAN,

Su son bea Livre de Controverse contre les Huguenau, en franc Poitevinea.

Y Défie tous les Rimoû,
De foire d'itau Vers, que Babv vént d'en foire.
Mén amy, quond quio l'home étet en belle himou,
Gl'en fazet qui sû tous gagniant la victoire,
Témoins quie gle fit oüant,
Quond gle renvresiront les Tomple,
De Choudené, de Sémoissant,
Dont gle fit dos discous ben omple,
Gl'agassit tont les Huguenau,
Que gle les mit en maléssoine,
Et gle lous donnit pus d'assau,
Qu'o ne firant tretous les Moine.
Avoure que gle sont viré,
Gn'at foit quio bel Ancrit, que pre meil lous apprendre,
Qu'à moin que gnégeant tout le cervea carviré,
Gne pouvant pas jemois sompêché de se rendre,
A tont de beas discous que gle foit dons quiez Vers,
Où gle mét lous Calvin tout d'in cot à l'envers :
Et lous foit vé par l'Ecriture,
Que quieu que Calvin dit n'étet ren qu'imposture,

Qu'abus, qu'imagination,
Qui les menet tretous dans la damnation ;
Et que gle devont ben counêtre,
Que quio grond Ré nêtre bon Moêtre,
Nut jemois d'autre intention,
Que de les tiré tous de la predition.
Si gle fasont don bén, sons que tont on les présse,
Gl'irant tous d'in bon quieur dés démoin à la Mésse :
Gle srant bon Catholique, et sons tont de fasson,
Ne chaussran bravemont, tous à même Chausson.

TERRAUDIERÉ.

NOTES

SUR

L'HISTOIRE DU PROTESTANTISME

EN POITOU

De 1661 à 1789.

⸺ ⸺

Jusqu'à la mort de Mazarin, l'application plus ou moins sincère de l'édit de Nantes sembla être la règle de conduite des pouvoirs publics. A partir du jour où Louis XIV eut dit : L'Etat, c'est moi, le système changea. On a prétendu, et je crois justifiée cette opinion qui me paraît donner l'explication de certains actes de ce prince, que celui-ci n'oublia jamais l'affront qu'étant enfant, lui infligea la grande Mademoiselle, la fille de Gaston d'Orléans, lorsque, la Cour s'étant présentée pour entrer dans Paris, à la porte Saint-Antoine, elle fit tirer sur le cortège les canons de la Bastille. De cette offense à la dignité royale qu'il plaçait au-dessus de toute chose, de ce crime de lèse-majesté, naquit et grandit dans son esprit cette pensée d'unifier le royaume sous les étreintes du pouvoir absolu, en brisant toutes les résistances des fauteurs de trouble. C'est sous ce point de vue qu'il devait considérer les protestants, car si leur masse était généralement restée calme devant les appels de révolte que leur faisaient périodiquement les ennemis de Mazarin, leur nom n'en était pas

1***

moins toujours mis en avant comme pouvant fournir un con-
tingent aux mécontents.

Du reste, si les stipulations de l'édit de Nantes avaient eu ce
bon côté d'assurer aux protestants la reconnaissance officielle de
leur croyance, jusque-là tantôt admise, tantôt déniée, elles
avaient eu aussi pour conséquence de faire d'eux une société
dans l'Etat, société qui souvent, par ses représentants attitrés,
faisait entendre sa voix, plutôt plaintive que menaçante, mais
toujours un peu revêche. Il aurait fallu fondre cette société dans
la grande famille française, sans droits ni prérogatives spéciales
pour chacun ; mais le moment n'était pas arrivé, et il est fort
probable que dans l'un et dans l'autre camp personne n'aurait
été satisfait, ces temps étant ceux des privilèges et non de la
liberté.

Toujours est-il que Louis XIV, par une politique habile et dont
on a voulu trouver l'inspiration dans un livre publié en 1665
par le jésuite Meynier, sur l'Exécution de l'édit de Nantes,
s'attacha à diminuer peu à peu ces privilèges, parfois excessifs,
que l'Édit avait concédés aux protestants, de telle sorte qu'un
jour, parvenu à l'extrémité du plan qu'il s'était tracé, il n'aurait
plus qu'à abattre l'arbre dont toutes les branches auraient été
successivement tranchées.

Cette politique débuta par l'envoi dans les provinces de
commissaires enquêteurs chargés de régler les contestations qui
s'élevaient fréquemment au sujet de l'exécution de l'Édit entre
catholiques et protestants. Vu l'importance du Poitou dans les
questions religieuses, et peut-être encore aussi dans le but d'être
agréable à son frère Nicolas, évêque de Luçon, Colbert envoya
en Poitou son autre frère Charles Colbert de Croissy, dont nous
parlons par ailleurs au sujet de son important Rapport sur l'état
de la province et de la vérification des privilèges de noblesse. La
mission de Colbert de Croissy était donc triple, et il l'accomplit
non seulement avec fermeté, mais encore avec toute l'autorité
que lui donnait sa situation personnelle. On le voit, dans son
Rapport au roi sur la situation religieuse du pays, jeter indiffé-
remment le blâme sur les deux partis, reprochant au clergé
séculier catholique de ne s'être guère amendé, et aux pasteurs
de posséder peu d'instruction. De plus, comme un des points

importants de sa mission consistait à juger le bien fondé des
protestants dans la possession de leurs temples, il examina leurs
titres en véritable fonctionnaire qui ne décide que sur pièces; il était
pour cet effet assisté d'un commissaire de leur religion, Claude
de la Noue, seigneur de Montreuil-Bonnin. Le plus grand nombre des églises ne pouvant justifier qu'elles remplissaient les
conditions exigées par l'interprétation juridique alors donnée
aux termes de l'Edit, le règlement auquel il présida et qui fut
rendu exécutoire par un arrêt du Conseil du 6 août 1665 ordonna
la fermeture de beaucoup de temples. Ce que nous retiendrons
particulièrement de son Rapport, c'est l'évaluation qu'il donne de
la population protestante du Poitou : il l'estime à peu près au
dixième de la population totale de la province, et à la moitié
pour la noblesse ; la proportion dans cette dernière classe s'é-
levait même aux trois quarts pour l'évêché de la Rochelle. Ce
dernier comprenait une partie notable du Bas-Poitou, constituant
l'ancien évêché de Maillezais, qui avait été transféré en 1648
par Mazarin à la Rochelle, dans le but de relever cette ville de
l'abaissement où elle était tombée après le siège de 1628.

Après la suppression des églises par les commissaires, il faut
noter la disparition de la plupart des établissements d'instruction publique que les protestants avaient fondés ; outre leurs
écoles où ils donnaient les premiers éléments de l'instruction primaire, ils possédaient aussi de petits collèges installés
dans plusieurs localités, telles que Couhé, Melle, Niort, Lusignan, où enseigna entre autres, au millieu du xviie siècle, un
écrivain moraliste, Jean Du Cezier, dont nous avons, il y a quel_
ques années, tiré le nom de l'oubli. Ce développement donné à
l'instruction du peuple avait été une des conséquences de l'établissement du calvinisme, fondé sur la lecture de la Bible et son
interprétation ; puis, aux réunions des fidèles, on chantait les
psaumes en commun, chants qui avaient été une des grandes
attractions de la Réforme à son début, chacun prenant ainsi sa
part des cérémonies religieuses. Des librairies d'abord, puis des
imprimeries s'étaient installées dans les principales localités de
la province pour la diffusion des livres du nouveau culte, la
Bible et les psaumes. La Rochelle fut d'abord le grand centre
de production de ces ouvrages, mais dès la fin du xvie siècle

Niort lui fit une sérieuse concurrence et de cette ville, aussi bien que de Fontenay, et même de Saint-Maixent, sortirent non seulement des livres de piété courante et dont un usage fréquent a fait disparaître presque tous les exemplaires, mais encore de nombreuses œuvres de polémique qui ne sont plus guère lues aujourd'hui. Cette industrie, atteinte dans ses œuvres vives, disparut presque tout entière à la fin du xviie siècle.

Les tendances du gouvernement furent affirmées dans la déclaration du roi du 2 avril 1666, qui apportait de nombreuses restrictions à l'exercice public de la religion réformée, et dont le caractère fondamental était que cette publicité n'existait que par tolérance et non en vertu d'un droit. Mais les esprits n'étaient pas encore habitués à l'idée que l'édit de Nantes pouvait être révoqué, et certaines clauses de la Déclaration furent trouvées si excessives que le roi la retira et la remplaça par une autre en quarante-neuf articles, en date du 1er février 1669. Cet acte, plus équitable, semble-t-il, n'en était pas moins, sous prétexte de réglementation, une entrave apportée sur beaucoup de points à la liberté d'action des protestants, et ce caractère n'échappa pas à beaucoup de contemporains qui le considérèrent comme le point de départ de la politique royale tendant à la suppression de leur religion ; c'est, en effet, par lui que débute le *Recueil des édits, déclarations et arrêts du Conseil concernant les Gens de la Religion prétendue réformée,* qu'imprima Jacques Besongne à Rouen, en 1721.

Nous ne relèverons pas les détails de la Déclaration de 1669, non plus que de celles qui l'ont suivie, elles sont surtout d'ordre public et ne touchent pas aux personnes ; les mesures contre celles-ci débutèrent en 1679 par l'arrêt du Conseil qui interdisait à tous seigneurs hauts justiciers d'établir dans leurs terres des officiers autres que des catholiques, et par la Déclaration du 20 février 1680, qui portait « défenses à ceux de la R. P. R. de « faire les fonctions de sages-femmes ».

Généralement les actes du pouvoir royal étaient devancés soit par les arrêts des cours de justice qui donnaient aux articles de l'édit de Nantes une interprétation restrictive excessive, soit par les actes et les décisions des Intendants de la province, qui, sachant quelles étaient les tendances du gouvernement, cher-

chaient par tous les moyens à entrer dans ses vues et à préparer
une nouvelle législation sur la question de la liberté de conscience ; les Mémoires de l'Intendant Foucault sont un témoignage
irrécusable de cette façon d'agir. Les faits étaient du reste
patents ; c'est ainsi qu'on lit dans le Journal de Guillaume Texier,
médecin à Saint-Maixent (en ma possession) : « Dans ce dit
mois (janvier 1681), le roi Louis XIV a commancé à donner de
l'argent à tous les huguenots qui se feront catholiques, fait
défense à tous catholiques de se faire huguenots, cassé tous les
officiers huguenots tant juges que procureurs, notaires, gref-
fiers, etc., s'ils ne faisoient abjuration ». Or, la Déclaration du roi
qui prononce l'interdiction dont il vient d'être parlé est seulement
du 15 juin 1682.

Le roi désirait vivement voir les Réformés revenir à la religion
catholique, aussi n'est-il d'encouragements de toutes sortes, de
tentatives de conversions pacifiques qui n'aient été pratiqués à son
instigation, jusqu'à envoyer dans les ateliers d'ouvriers, des gens
de leur classe, qui sous le nom de controversistes étaient chargés de réfuter les doctrines en cours parmi eux ; un sieur
Jean Moreau, maître cordonnier, se fit recevoir à Poitiers en
1666 comme controversiste du clergé de France.

Mais les ministres du roi trouvaient que l'effet de ces mesures
était lent à se produire et, pour lui complaire, ils cherchèrent des
procédés plus expéditifs. Des instructions particulières furent
envoyées aux Intendants : d'un côté, Colbert leur recommanda
de soulager de la taille les gens qui se convertiraient, et d'autre
part, Louvois ordonna que le nombre des soldats qui, placés en
quartier d'hiver dans la province, logeaient chez les particuliers,
fût doublé quand il s'agirait de religionnaires : on devait surtout les placer chez les plus riches et exempter les pauvres, de
façon, disait-il, que tous se trouvaient incités à se convertir, les
uns pour se débarrasser d'une charge, et les autres en reconnaissance de la faveur qui leur était accordée. Ces mesures furent
appliquées non pas dans toute la province, mais seulement
dans le diocèse de Poitiers, et particulièrement dans la région qui
avait pour points extrêmes Lusignan, Saint-Maixent, Niort et
Melle, et où la population avait presque tout entière embrassé la
Réforme.

Cette soldatesque à qui bientôt on laissa à demi la bride sur le cou, commit, ainsi que cela devait être, de nombreux excès ; elle se répandit dans le territoire qui lui avait été dévolu comme en pays conquis, et tout le monde sait assez, par la plume et le crayon, ce que sont les misères de la guerre.

Toutefois, quand on rapproche le minutieux relevé des attentats commis contre les personnes, fait par les écrivains protestants réfugiés en Hollande, du grand nombre de religionnaires qui existait en Poitou, on est presque tenté de s'étonner qu'il ne s'y soit pas commis une plus grande quantité d'actes de violence ; la cause, ce nous semble, ne doit pas en être cherchée ailleurs que dans ce fait, c'est qu'il n'y eut réellement qu'un petit nombre de soldats affectés à cette triste besogne. Une fois que le résultat cherché était obtenu, ils quittaient une localité pour se rendre dans une autre ; généralement ils ne restaient pas plus de deux jours dans le même logement.

L'effet moral occasionné par leur présence fut considérable. La renommée, grossissant et dénaturant parfois ce qui s'était passé sur un point, apeurait les gens ; on n'attendait pas la venue des dragons ; des villages entiers allaient assister à la messe ; seuls, quelques particuliers, particulièrement de petite noblesse, ardents dans leur foi, résistèrent à l'affolement général et sur eux vinrent tomber toutes les colères des agents du pouvoir.

En 1682, fut publié un fort volume in-4°, contenant le rôle, divisé par paroisses, de tous les nouveaux convertis du Poitou depuis le mois de février 1681 ; il contient environ 38.500 noms. Ceux-ci appartiennent pour la très grande majorité à cette portion de la province dont nous avons parlé plus haut et qui était désignée sous le nom de Colloque du centre.

L'Intendant du Poitou qui présidait à toutes ces mesures contre les protestants était M. de Marillac ; il se montra d'un zèle excessif, outré même, tellement que l'ardeur qu'il déploya en cette circonstance ne fut pas récompensée, car l'Intendance de Poitiers lui fut enlevée au mois de janvier 1682, et l'on sait pertinemment que si les excès commis dans la Généralité ne furent pas plus considérables, cela ne dépendit pas de lui, car il ne cessait de demander que le nombre des troupes qu'il avait à sa disposition fût augmenté, ce qu'il ne put obtenir.

Après le passage de ce grand courant d'oppression, il y eut une période de calme ; la disgrâce de M. de Marillac, indice des hésitations du pouvoir royal, mettait un frein aux ardeurs dont il avait été le complice ou l'instigateur ; il n'y eut pas de dragonnades en 1682, 1683 et 1684, mais le mal reprit en 1685.

Cette année, une armée, que l'on avait rassemblée dans le Midi pour agir en Espagne, étant demeurée sans emploi, fut d'abord cantonnée en Béarn, où l'Intendant Foucault l'employa, suivant les règles indiquées par Louvois, à la conversion des religionnaires. Il obtint, c'est lui qui le dit, des résultats prodigieux. Etant passé Intendant de Poitou, cette même année 1685, il réussit à faire mettre à sa disposition le régiment étranger d'Asfeld, dont les actes rappelèrent ceux des plus mauvais jours de 1681. Un mois à peine suffit pour obtenir les « résultats » que cherchait l'Intendant, et quand le 17 octobre 1685, parut l'édit qui révoquait celui de Nantes, il semblait officiellement qu'il n'y avait plus de protestants dans la province.

La persécution avait toutefois, comme il arrive toujours, suscité des résistances. Des esprits « opiniâtres », c'est le mot employé dans la correspondance de l'Intendant, refusèrent de se soumettre, et c'est alors que la noblesse, qui, grâce à ses privilèges, avait été jusque-là à peu près épargnée, vit sa situation descendre au niveau de celle des autres classes de la société ; elle fut même peut-être plus vivement atteinte.

Après la révocation de l'édit de Nantes, il restait encore en Poitou 270 familles nobles qui s'étaient absolument refusées à donner le moindre gage d'une conversion. A leur foi religieuse elles joignaient une ténacité intense pour défendre leurs privilèges, surtout celles qui, possédant la noblesse depuis le moins de temps, se montraient jalouses de conserver toutes les prérogatives qu'elle leur conférait. En y joignant les gens de leur clientèle immédiate, elles constituaient dans le Poitou central et le Bas-Poitou de petits noyaux autour desquels se groupaient tous ceux qui n'avaient abjuré que des lèvres, et en qui ils trouvaient la force nécessaire pour se dispenser de toutes les pratiques auxquelles ils avaient promis de se conformer. Tout d'abord on avait usé de grands ménagements à leur égard. « Le roi, écrivait Louvois, « souhaite encore plus la conversion de la noblesse que celle du

« peuple; il ne juge pas à propos que l'on se serve des mêmes
« moyens pour y parvenir et recommande d'employer beaucoup
« plus d'industrie et de persuasion que toute autre chose. » En
conséquence, les Intendants firent des conférences où ils appe-
lèrent tous les gentilshommes d'une région, en s'appliquant à agir
individuellement sur chacun d'eux; aux uns on promettait des
pensions, aux autres on offrait de placer leurs enfants, même on
se contentait d'une promesse verbale de leur part, « le roi
« n'entendant point que ceux qui se convertissaient fussent con-
« traints d'aller à l'église ». Mais en présence du petit nombre de
conversions amenées par ces procédés ou par les controverses avec
des religieux et des missionnaires, qui, surtout en 1681 et en
1682, avaient parcouru la province pour ramener les dissidents
ou maintenir dans la foi catholique ceux qui y étaient revenus,
on en arriva peu à peu aux mesures de rigueur.

On menaça d'imposer à la taille les gentilshommes qui tiraient
leur noblesse des charges municipales; on donna des inquiétudes
à ceux dont la noblesse n'avait été reconnue que par des lettres
de réhabilitation ou des arrêts spéciaux; on parla d'envoyer des
cavaliers en garnison chez ceux qui ne portaient pas les armes,
ou qui n'avaient pas quelques-uns des leurs aux armées. En 1686,
toutes ces menaces furent mises à exécution; la mise des gentilshommes à la taille, et Foucault ne se priva pas d'user de ce
moyen, amena chez les hommes beaucoup de conversions : les
plus récalcitrants furent emprisonnés. Mais ce furent les femmes
qui souffrirent le plus; les procédés ordinaires n'ayant pas d'action sur elles, on les envoya dans des couvents; or, dit Foucault,
« les femmes et les filles de la R. P. R. craignaient plus les cou-
« vens que les dragons et il s'en est beaucoup converti de celles
« que les dragons n'avoient pu convertir qui n'ont pu résister à
« l'aversion qu'elles avoient pour les couvens. »

Ces mesures, accompagnées très souvent de violences, vinrent
à bout des plus obstinés, de ceux à tout le moins qui restèrent
dans leurs foyers. Tous les ministres avaient été bannis par l'acte
même de la révocation de l'Edit; une bonne partie de la
noblesse protestante, qui était restée jusque-là dans ses foyers,
les rejoignit à l'étranger où ses familles nombreuses donnèrent
un éclat particulier à l'émigration. Celle-ci s'était déjà produite,

avec une certaine intensité, tant dans la noblesse que dans les classes aisées, surtout entre les deux persécutions de 1681 et de 1685. Deux courants se dessinèrent plus particulièrement dans la province : l'un qui suivit la voie de terre et se dirigea vers la portion de l'Allemagne où régnait alors une poitevine, Eléonore Dexmier d'Olbreuse, qui avait épousé en 1665 le duc de Brunswick-Zell, et dont les deux enfants furent appelés à monter, l'un sur le trône d'Angleterre, l'autre sur celui de Prusse. Les cours de Zell et de Hanovre étaient peuplées de gentilshommes français, et surtout de Poitevins et de Saintongeais.

L'autre courant se porta vers les Provinces-Unies, où depuis longtemps le Poitou était en honneur ; le célèbre pasteur André Rivet, de Saint-Maixent, avait été le précepteur du stathouder Guillaume II d'Orange, et pendant 30 ans, de 1620 à 1651, il avait enseigné avec le plus grand succès dans les universités de Leyde et de Bréda.

Des relations commerciales constantes existaient en outre entre le Poitou et la Hollande, qui enlevait ses vins par les ports de la Rochelle, de Marans et des Sables, et beaucoup de protestants suivirent la voie de mer pour se rendre dans les pays du Nord, où on les accueillait à bras ouverts. Les gentilshommes étaient sûrs de trouver à prendre du service militaire ; ceux qui avaient porté les armes en France obtenaient des grades supérieurs ; les ouvriers ou les industriels, généralement de petits patrons, rencontraient pour leurs métiers la protection la plus étendue. Un grand seigneur du Poitou, Gabriel-Claude Gourjault, marquis de Venours, d'auprès Lusignan, fut un des agents les plus actifs de cette dernière propagande qui consistait à attirer à l'Étranger les meilleurs ouvriers de chaque industrie, afin d'établir une concurrence aux fabriques de France, et cette émigration, celle qui fit assurément le plus de mal à notre pays, fut singulièrement favorisée par les misères de la fin du règne de Louis XIV.

Du reste, ces émigrés ne croyaient pas, pour la plupart, avoir quitté le pays sans esprit de retour ; jusqu'après la paix de Riswyck en 1697, ils espérèrent rentrer dans leurs foyers ; ils formèrent, dans les pays du Refuge, des colonies calvinistes au milieu de luthériens, de presbytériens ou d'anglicans, qui conser-

2

vèrent pendant longtemps une sorte d'autonomie, avec leurs
églises, leurs établissements de bienfaisance et autres.

A quel chiffre peut être évaluée l'émigration poitevine ? Certains auteurs ont été jusqu'à la porter à 60,000 personnes
(Lièvre, *Histoire*, t. II, p. 251); M. de la Boutetière, dans un mémoire
spécial publié par la Société des Antiquaires de l'Ouest (*Bull.*
de 1876), ne l'estime pas au delà de 1,800. L'écart, on le voit, est
considérable, et il est à craindre que, faute de documents précis,
on n'en soit toujours réduit à discuter sur cette question brû-
lante. M. de la Boutetière s'est appuyé sur un texte dont on ne
saurait suspecter l'exactitude : le Mémoire statistique ou Etat de
l'Election de Saint-Maixent, dressé en 1698 par Samuel-Charles
Lévesque, licencié ès lois. Ce document officiel, car il fut établ¡
pour fournir à l'Intendant Maupeou des éléments certains desti-
nés à l'élaboration de son Mémoire sur la Généralité de Poitiers,
donne entre autres, à côté du nombre des habitants de chaque
paroisse, celui des nouveaux convertis, de ceux qui font leur devoir et des personnes qui sont sorties du royaume pendant les vingt
dernières années. Il accuse pour une population de 46,524 habitants, 18,581 nouveaux convertis, dont 3,438 faisaient leur devoir,
et 308 personnes sorties du royaume. Partant de ces chiffres,
M. de la Boutetière a établi une proportion entre eux, et il en a
appliqué le résultat aux autres Élections de la province dont il
connaissait seulement la population ; ce calcul lui a fourni un
chiffre approximatif de 1,500 à 1,800 fugitifs ou exilés. Il penchait
même pour le chiffre le moins élevé, par ce motif que la moyenne
de la population protestante dans l'Election de Saint-Maixent était
supérieure à celle des autres Elections de la province.

Il nous paraît à peu près certain que sur ce dernier point il a
fait erreur, car, s'il en était autrement, le nombre des baux des
biens des religionnaires fugitifs, faits par la régie dans l'Election
de Saint-Maixent, devrait être supérieur à celui des autres circons-
criptions. Or, il n'en est rien, ainsi que l'atteste le relevé des
baux des biens de tous les gens du Poitou sortis du royaume
faits par l'Intendant Foucault le 13 janvier 1689 ; on en compte
183 pour toute la province, ainsi répartis par Elections : Niort, 52 ;
Fontenay, 48 ; Poitiers, 35 ; Thouars, 18 ; Saint-Maixent, 16, et
Châtellerault, 14. (Arch. dép. de la Vienne, C. 49.)

Si, comme nous le pensons, le chiffre de 308 personnes sorties du royaume indiqué par Samuel Lévesque s'applique seulement aux contribuables, car c'est uniquement par le dépouillement des rôles de l'impôt qu'il a pu rassembler la plupart des éléments statistiques de son Mémoire, il y aurait lieu de forcer quelque peu le chiffre total des émigrés de l'Election de Saint-Maixent; mais, quelque extension que l'on puisse donner à l'émigration poitevine dans le reste de la province, celle-ci restera toujours beaucoup au-dessous de l'évaluation qui en a été donnée par les écrivains réfugiés en Hollande et dont les dires ont été accueillis sans contrôle.

La conversion en masse qui avait précédé la révocation de l'édit de Nantes n'était, du reste, qu'un trompe-l'œil ; les nouveaux convertis « ne faisaient pas leur devoir », et dans les campagnes, à peine les dragons étaient-ils partis, qu'ils recommençaient en cachette les exercices de leur culte.

C'est alors que prirent naissance les assemblées du Désert ; on se réunissait à jour dit dans une maison indiquée à l'avance, dans un lieu écarté au milieu des champs, avec des sentinelles postées à distance pour éviter des surprises, et l'un des fidèles lisait la Bible ; parfois un d'entre eux, épris d'un zèle plus ardent, se donnait pour mission de prendre la parole dans ces réunions ; ce fut le début de ces prédicants qui, pendant un demi-siècle, entretinrent la foi dans nos contrées.

Foucault, qui, selon d'Aguesseau, « eut le malheur de donner au « reste du royaume un exemple qui ne fut que trop suivi », avait bien cherché à tromper la Cour sur le caractère des conversions obtenues par ses missions bottées ; mais la vérité finit toujours par percer, et il lui fut ordonné d'abandonner son système de terreur et d'essayer d'amener les nouveaux convertis par une sage tolérance au but que cherchait le roi.

L'Intendant n'obéit qu'à regret, mais quand l'occasion d'une répression violente lui fut offerte, il ne la négligea pas ; en 1687, il fit pendre à Pouzauges un maître d'école, Bigot, qui, dans une grande réunion, avait rempli les fonctions de ministre, et le 16 février 1688 il surprit dans la cour du château de Grand-Ry, entre Saint-Maixent et Melle, une assemblée de 2,000 personnes qui fit quelque résistance à sa sommation de se disperser; 7 ou 8 des assistants furent tués ou blessés, 3o envoyés aux galères ; le château fut rasé. (*Mém. de Foucault*; Journal de G. Texier.)

Pour arriver à rétablir l'ordre, il préféra voir le pays se dépeupler plutôt que d'y conserver une population qui voulait garder sa foi, et il fut le promoteur de cette mesure inique et désastreuse qui consistait à embarquer à La Rochelle les protestants qui ne voulaient pas consentir même à une abjuration de bouche ; quant à ceux qui partaient après avoir abjuré, leurs biens étaient confisqués.

Jusqu'à la fin du règne de Louis XIV on assiste à la pratique d'une politique indécise, de tergiversation, à l'égard des protestants : le gouvernement du roi, jugeant la question de plus haut, était plus modéré que ses agents, et dans la correspondance administrative de ce règne, l'on voit (les preuves abondent) que le ministre était à chaque instant sollicité de prendre des mesures de rigueur auxquelles il se refusait.

Mais si l'on n'exigeait plus de la part des protestants la reconnaissance publique du culte auquel la contrainte seule les tenait pour un temps rattachés, ils ne cessèrent d'être, au point de vue civil, en tant que celui-ci touchait à la question religieuse, en dehors de la société ; leurs mariages passés sans l'assistance du prêtre, qui seul tenait les registres de l'état civil, n'étaient pas reconnus légalement, et pour leurs sépultures il leur fallait s'adresser au magistrat, afin d'obtenir la permission d'inhumer leurs défunts la nuit, sans trouble ni scandale. De là est venue l'habitude pour les protestants de nos contrées d'enterrer les membres de leur famille dans un coin de jardin, où une simple levée de terre en rappelait le souvenir, habitude tellement enracinée, qu'aujourd'hui même il est certaines communes qui ne comptent dans leurs cimetières presque aucun membre de la communion protestante, tandis qu'au milieu des champs, ou plus spécialement aux abords des maisons, un petit enclos, quelques cyprès rappellent que là reposent quelques-uns de ses fidèles.

On aurait pu croire, après la mort de Louis XIV, que la politique religieuse qu'il avait pratiquée allait disparaître ; il n'en fut rien. Les protestants, pleins de confiance, avaient partout recommencé à tenir des assemblées publiques ; en 1719, les prédicants de l'ancien Colloque du centre, qui réunissaient souvent autour d'eux plusieurs milliers de personnes, enhardis par l'inertie du pouvoir, résolurent, en signe de protestation contre les édits, de se réunir sur l'emplacement des temples démolis. Ils avaient essayé dès 1688 d'en agir ainsi, et ces tentatives avaient alors eu pour conséquence d'amener une sévère répression ; cette fois encore, c'est ce qui arriva. Les Intendants du Poitou, gardiens de la tranquillité publique, firent revivre pour un temps contre eux les mesures violentes de leurs prédécesseurs. Les assemblées furent dispersées par la force, les prédicants furent poursuivis, traqués partout, et finalement la plupart d'entre eux s'expatrièrent ou abandonnèrent leur périlleuse carrière.

Le calme ne reparut dans la province que sous le ministère du cardinal de Fleury (1726-1743), honnête homme à qui les mesures de rigueur répugnaient, et qui ne demanda aux protestants que de vivre en paix. Mais à ce moment le caractère du protestantisme poitevin était presque radicalement changé. Au lieu d'être représenté par cette noblesse remuante, souvent énergique, qui groupait autour d'elle, dans ses manoirs, les populations rurales de nos contrées si fermes dans leurs convictions, une fois qu'elles sont bien imprégnées de leur esprit, c'est cette population elle-même qui se trouva presque seule en opposition avec le pouvoir royal. Par suite de causes multiples et surtout de la disparition du petit patronat, émigré ou ruiné par les guerres de la fin du règne de Louis XIV, les villes, redevenues catholiques plus ou moins volontairement, persistèrent dans leur évolution ; il n'en fut pas ainsi dans les campagnes, et surtout dans les lieux où les fidèles étaient plus ou moins étroitement groupés, et où la résistance fut d'autant plus énergique ; la partie du Colloque du Haut-Poitou dont nous avons tracé les limites, Moncoutant et Mouchamps, furent des foyers religieux qui se sont maintenus jusqu'à nous. Dans cette masse rurale et particulièrement dans le Bas-Poitou, on comptait quelques familles de la noblesse ou de la haute bourgeoisie, dont l'influence, qui ne pouvait s'exercer que d'une façon bien voilée, disparut devant celle que prirent, à un moment donné, les prédicants et les pasteurs. Le rôle des prédicants fut très grand ; c'était le lien qui rattachait entre eux les membres dispersés de la famille reli-

gieuse ; mais leurs connaissances n'étaient pas en général à la
hauteur de leur zèle, et dans cet abaissement intellectuel la doctrine risquait fort de sombrer, si, profitant des bonnes disposi-
tions du ministère Fleury, la réorganisation des églises protestantes ne se fût virtuellement opérée. Le mouvement commença
par le Languedoc, et en 1750, un pasteur, pourvu de grades
régulièrement acquis à Genève, vint remplacer en Poitou les
prédicants ou même les prédicantes qui s'étaient eux-mêmes
donné pour mission d'y maintenir leur foi. C'est alors que se
généralisa l'usage de ces signes de reconnaissance spéciale
pour les fidèles qui désiraient prendre part à la cène, le méreau
de plomb ou d'étain, créé sans doute au siècle précédent, lors de
l'apparition des édits contre les relaps, et qui constitue une des
branches curieuses de notre numismatique provinciale.

La tolérance entrait dans les mœurs ; mais le pouvoir ne sup-
portait pas des infractions publiques aux édits de Louis XIV.
De 1751 à 1757, il y eut quelques poursuites isolées ; en 1767,
le seigneur du Puy-de-Miauray près Saint-Maixent, M. de Lau-
vergnat d'Armanjou, prenant trop au sérieux les droits de haute
justice de son fief, crut pouvoir faire construire un vaste temple
sur son domaine ; les garnisons voisines se rendirent sur les
lieux, le temple fut démoli, et M. d'Armanjou fut enfermé pour
deux ans dans le château de Saumur ; mais ce fut la dernière
manifestation hostile du pouvoir à l'égard des protestants. Le
règne de Louis XVI inaugura une politique nouvelle dont la
dernière expression fut l'édit de novembre 1787 qui, selon ses
expressions, « rendit aux non-catholiques ce que le droit naturel
« ne permettait pas de leur refuser, de faire constater leurs nais-
« sances, leurs mariages et leurs morts, afin de jouir, comme tous
« les autres sujets du roi, des effets civils qui en résultent ». Cet
acte de réparation fut accueilli par les intéressés avec de vifs
sentiments de reconnaissance, et jusqu'au jour où la tenue des
registres de l'état civil passa entre les mains des administrations
communales, les pasteurs protestants tinrent ceux de leurs communautés de même façon et avec les mêmes obligations que les
curés à l'égard des catholiques.

Cent deux ans après la révocation de l'édit de Nantes, le
gouvernement reconnaissait donc, selon les propres expressions

de l'édit de 1787, « qu'il n'était pas en son pouvoir d'empêcher « qu'il n'y eût différentes sectes dans l'Etat ». Tel était le résultat de tant d'excès commis par le pouvoir, de tant de misères douloureusement supportées par des populations résignées, de tant de haines accumulées chez les émigrés qui, confondant la France avec son roi, portèrent trop souvent les armes contre elle. Quel avait donc été l'effet de la révocation de l'édit de Nantes sur la population protestante de la province ·

On peut dire, en règle générale, que les conversions librement obtenues avant les persécutions persistèrent, mais que celles qui se firent sous le coup de la force, ne furent que pour la forme, et on reconnaît bien là le caractère du Poitevin, auprès de qui les mesures de violence n'ont presque jamais eu raison. La noblesse et la haute bourgeoisie, c'est-à-dire les classes riches et influentes, avaient trop d'intérêt à persévérer dans leur retour à la religion d'Etat, pour ne pas se ranger sous sa bannière, et l'on pourrait compter les familles de cette catégorie qui continuèrent à pratiquer le culte proscrit. Il en fut pareillement de tous ceux qui, pendant le xviiie siècle, aspirèrent à exercer des charges publiques ou des professions libérales, et qui ne trouvaient plus dans le commerce ou l'industrie, tombés si bas par l'effet de la misère générale, les ressources qui leur auraient permis de soutenir la situation qu'ils occupaient antérieurement. C'est dans les villes et les gros bourgs, là où l'émigration avait compté la plupart de ses adhérents, que ce mouvement se produisit surtout et en fit disparaître en grande partie l'élément protestant ; mais il en fut autrement dans les campagnes. Là, l'effet de la révocation de l'Edit fut presque nul, et même il est certain que dans quelques paroisses absolument délaissées par le clergé catholique, la propagande protestante se perpétua et les conquit tout entières pendant le xviiie siècle. Il est bien entendu que ces remarques ne s'appliquent qu'à la région de Saint-Maixent, la seule sur laquelle nous ayons des renseignements certains à l'époque de la révocation de l'édit de Nantes.

Le précieux Mémoire statistique de Samuel Lévesque nous apprend en effet, et nous répétons à ce sujet les chiffres donnés plus haut, qu'en 1698 on comptait dans les 38 paroisses protestantes de l'Élection 18,581 nouveaux convertis, sur lesquels 3,438

faisaient leur devoir ; en 1804, quand le Premier Consul ordonna
le dénombrement de la population de la France par religion, on
trouve dans les mêmes paroisses, devenues communes, 18,117
protestants, c'est-à-dire, après une période de cent vingt années,
un nombre à peu près identique de fidèles appartenant à cette
religion que Louis XIV, selon les dires de ses panégyristes, avait
fait disparaître. Dans le détail, il y a toutefois à noter que leur
nombre avait fortement diminué dans les villes de Saint-
Maixent et de Melle, mais que, par contre, il s'était accru d'un
chiffre égal dans les communes centrales de l'agglomération
religieuse de la région (Beaussais, Goux, Vitré, Avon, Bougon,
Prailles), où la population appartenait et appartient encore presque totalement au culte réformé.

*Déclaration faite par Pierre Boulays, des excès
commis dans sa maison de Baptreau, paroisse
de Saint-Martin de Saint-Maixent, par des cavaliers
et leurs officiers envoyés en logement chez lui. (Orig.,
pap., minutes de Jean Chamyer, notaire royal à
Saint-Maixent.)*

Pierre Boulays, sieur de Monteru, fils de François Boulays,
sieur de Monteru, et de Suzanne Masson, appartenait à une famille qui, au xv⁰ et au xvi⁰ siècle, a donné plusieurs maires et
échevins à la ville de Saint-Maixent. Il avait épousé par contrat
du 11 janvier 1672 Jeanne Ochier, veuve d'André Allonneau,
docteur en médecine, qui avaient été mariés le 25 novembre
1668 en l'église réformée de Saint-Maixent. Nous ne savons où
fut célébré le second mariage de Jeanne Ochier, mais elle et
son mari étaient fort zélés dans leur religion, et ils furent du
nombre de ces protestants opiniâtres dont le nom ne se trouve
pas sur les listes des nouveaux convertis. Pierre Boulays, dont
la fortune était relativement considérable, était un de ces gros
marchands fermiers, dont l'industrie consistait à prendre à ferme
les domaines importants inscrits aux saisies réelles, ceux de
familles nobles vivant à la Cour ou aux armées ou d'établissements ecclésiastiques; il était possesseur de la seigneurie de
Baptreau, tant du chef de sa emme que pour avoir acquis la
part des cohéritiers de celle-ci par acte du 12 septembre 1672
(en ma possession); or, la paroisse de Saint-Martin de Saint-
Maixent ayant été désignée pour le logement des compagnies de
dragons au mois d'octobre 1681, il vint s'installer seul à Baptreau, tant pour veiller à la conservation de son bien que pour
obéir aux prescriptions du code militaire qui infligeait une amende
de 30 livres aux particuliers qui, pour s'exempter du logement
des soldats, s'absentaient de leur demeure, amende que M. de

Bâville avait portée à 1,000 livres à l'égard des protestants (*Mém. de Foucault*, p. 513). Mais ses sentiments étaient connus et du 8 octobre, jour de l'arrivée de quatre dragons, au 23 du même mois, jour de leur départ, leur nombre fut successivement porté à dix-huit, dont un commandant, un capitaine, trois lieutenants, deux commissaires, un maréchal des logis et dix cavaliers. Le jour même où ils quittèrent sa maison, Boulays fit appeler deux notaires et après leur avoir donné connaissance des billets de logement qu'il avait reçus et qu'ils transcrivirent intégralement, il fit procéder à une constatation minutieuse des dégâts commis par la petite garnison mise chez lui et des dépenses excessives qu'il avait été contraint de faire à cette occasion. Cet acte est bien curieux, car, dans son expresse concision, il permet autrement mieux que tous les récits de personnes plus ou moins intéressées, d'apprécier ce qu'étaient les logements militaires aux mains des Intendants, lorsqu'il s'agissait de protestants endurcis. Le seul fait d'avoir fait dresser ce procès-verbal suffit, à défaut de tout autre renseignement, pour nous édifier sur le caractère de Boulays. Aussi ne sera-t-on pas étonné d'apprendre que, sur la fin de ses jours, s'étant retiré dans sa maison de Monteru, paroisse de Saivre, avec sa femme, l'un et l'autre y moururent sans avoir renié leur croyance. Il n'en fut pas ainsi de leur fils, François Boulays, qui, s'étant converti, fut pourvu en 1713 de l'office de conseiller du roi assesseur en la Maréchaussée de Saint-Maixent.

Du 16ᵉ octobre 1681.

Bouslay, marchant, demeurant à Baptreau, logera un lieutenant outre les quatre cavalliers qu'il a, quoy qu'il aye le rellais, attendu qu'il n'est demeurant dans le bourg, suivant l'intention de Sa Majesté, jusques à nouvel ordre. Signé, Texier, commis par Monsieur l'Intendant.

Du 16ᵉ octobre 1681.

Bouslay, marchant, demeurant à Baptreau, logera deux cavalliers outre le lieutenant et les quatre cavalliers qu'il a, jusques à nouvel ordre, quoy qu'il aye le rellais, attendu qu'il n'est demeurant dans le [bourg], conformément à l'intention du roy. Signé, Texier, commis par M. l'Intendant.

Du 18 octobre 1681.

Bouslay, marchant, demeurant à Baptreau, logera un cavallier outre le lieutenant et les six cavalliers qu'il a, quoy qu'il aye le rellais, attendu qu'il n'est demeurant dans le bourg, suivant l'intention de Sa Majesté, jusques à nouvel ordre. Signé, Texier, commis par M. l'Intendant.

Du 19ᵉ octobre 1681.

Bouslay, marchant, logera un mareschal des logis, un cavallier et les deux places de commissaire outre le lieutenant et les sept cavalliers qu'il a, jusques à nouvel ordre, quoy qu'il aye le rellais, attendu qu'il n'est point demeurant dans le bourg, suivant et conformément à l'intention de Sa Majesté. Signé, Texier, commis par M. l'Intendant.

Du 19ᵉ octobre 1681.

Pierre Bouslay, marchant, ogera un commandant, un capitaine et deux lieutenants, outre le lieutenant, le maréchal des logis, deux places de commissaire et huict cavalliers qu'il a, jusques à nouvel ordre, quoy qu'il aye le rellais, attendu qu'il n'est demeurant dans le bourg, conformément à l'intention de Sa Majesté. Signé, Texier, commis par M. l'Intendant.

Du 22ᵉ octobre 1681.

Pierre Bouslay, marchant, ogera deux cavalliers outre ceux qu'il a, jusques à nouvel ordre, quoy qu'il aye le rellais, attendu qu'il n'est demeurant dans le bourg, conformément à l'intention de Sa Majesté. Signé, Texier, commis par M. l'Intendant.

Vidimé et collationné à leurs originaux, estant en papier, sains et entiers, d'escripture et seings, représentés par led. Bouslay y desnommé et à l'instant par luy retirés, dont dud. vidimus il a requis acte que nous, notaires royaux à S¹ Maixent soubzsignés, luy avons octroyé pour luy valloir et servir en temps et lieu, ce que de raison, audit S¹ Maixent le vingt troisiesme jour d'octobre mil six cents quatre vingt un, et s'est avec nous soubzsigné. BOU-LAYS. LELIEPVRE, notaire royal. CHAMYER, notaire royal.

Et à l'instant ledit Bouslay nous a requis voulloir nous transporter avecq luy en son domicille pour voir et visitter l'estat auquel lesd. cavalliers ont mis ses meubles, et recepvoir sa déclaration et affirmation de la grande despence et dommage qu'ils luy ont faict et causé ; à quoy obtempérants, sommes allez avecq luy et y estans en la chambre basse d'icelle, avons veu six chèzes quy estoient foncées de paille, touttes rompues sans pouvoir jamais servir ; item quatre chèzes de bois de nohier en menuzerie dont les bras et traverses sont rompues, aux unes et aux autres ; item une commodité et un petit tabouret de bois de nohier ; item les limandes d'un petit chaslit bastard ; item les mortaizes d'une quenouille du docier d'un autre chaslit de bois de nohier, et une aix de la fonceure de dessoubs ; item un petit miroir dont le cadre estoit doré ; item dix huit lozanges des vitres des fenestres qui regardent sur le jardin ; item avons veu deux serrures hostées d'un cabinet et d'un petit lieu qui va soubz le degré ; plus six assiettes, quatre plats grands et un petit et une boiste à confiture, d'estain, hors d'estat de pouvoir servir sans estre refaictes ; item une poisle à lessive et une poislonne qui ont esté percées à coup de bastons ; et nous a déclaré et affirmé avoir payé au

sieur Sarget, hoste du Bien Venu dud. St Maixent, pour
le vin qu'il y a achapté pour lesd. officiers et cavalliers, la
somme de trante cinq livres seize sols, suivant la quictance
au pied des parties qu'il nous a représentée ; item au
sieur Lévesque, marchant droguiste, suivant son mémoire
de parties et quictance au pied, la somme de treize livres
cincq sols ; item au bouchier, la somme de quinze livres
pour viande consommée aussy par lesd. personnes ; plus à
Mathurin Canard, pasticier, tant pour pastez, maquaron,
biscuit que gibier, la somme de sept livres quinze sols ;
item pour du poisson de mer, du vendredy dixseptiesme
du présent mois, la somme de huict livres et pour une grand
carpe chez Martial Blais, trante sols ; item pour vingt sols
de morue et dix livres de beurre à huict sols la livre ; item
payé à Boutin, hoste du Plat d'estain, pour huict pintes de
vin, trois livres quatre sols ; item au sieur Guillemeau,
hoste des Pilliers de cette dite ville, pour huict pintes de
vin quarante huict sols ; item au nommé Fromaget, marchant, quatre livres pour cincq pintes d'eau-de-vie, trois
livres pour des chicorées, quarante solz pour cincq douzennes d'alouettes, et trante-six sols pour deux lapins, deux
douzennes de biscuits et une douzenne de macarons ; plus
quatre livres huict sols au s^r Prévost, du fauxbourg
Chaslon, pour cincq pintes et une chopine d'eau-de-vie ;
plus payé à divers boullangiers soixante quinze sols pour
cincquante livres de pain blanc, outre six boiceaux de
fromant qu'il auroit faict cuire ; plus payé quarante sols
pour quatre livres de tabac à fumer, et outre tout ce que
dessus affirme aussy avoir fourny, qu'il a pris en sa maison,
dix daindons et trois qu'il a empruntés du s^r Dezandré,
de Lord de Poictiers, dix-huict chapons, douze poullets,
six canards et une demie barrique de vin, et à l'esgard des
chevaux, ils luy ont consommé tant de la bouche qu'avecq
les pieds deux charrettées et demie de foin et une et demie

de paille de fromant qu'ils ont mis en letière ; item ont mangé douze boiceaux d'avoine qu'il avoit chez luy et qu'il leur a achapté chez ledit s^r Dezandré vingt-quatre boiceaux et douze de chez Mad^e Aimon à dix-huict sols le boiceau ; plus a payé à Martial pour les chevaux de M. de Morfontaine trante solz pour de l'avoine et trante solz à son vaslet pour du foin ; plus ont lesdits officiers et cavalliers consommé un cent de fagots et une charrettée de gros bois et luy ont mangé douze livres de diverses confitures liquides et ont cassé les pots où elles estoient après les avoir vuidez ; plus une pinte de moutarde qu'il avoit chez luy, de valleur de douze solz ; et pendant le temps qu'ilz ont consommé touttes ces choses, pensant empescher les autres désordres, il fut contraint par les quatre premiers cavalliers de leur donner pendant les huict premiers jours à chascun la somme de douze livres, faisant quarante huict livres, et a payé aud. sieur de Morfontaine la somme de vingt quatre livres, au sieur de Belcastel celle de douze livres, nourry son trompette, son cheval et ses chiens, à un lieutenant dix livres dix sols, à deux autres trois livres chascun, à un vaslet dud. sieur de Morfontaine trois livres, au mareschal des logis et pour deux places de commissaires dix-huict livres, à deux autres cavalliers trante-cincq sols et à un autre vingt sols et aux vaslets desd. officiers six livres, et non contans de tout cella ilz ont cassé six bouteilles et huict douzaines de grands et petits verres, ont bruslé les chandelles de suif prises chez led. sieur Lévesque et celles qui estoient pour la provision de sa maison induement, et pour cella en ont mis une nuict tout à la fois ardantes jusques à trante-deux dans un crible plain de bled, qu'ils faisoient servir de chandellier, huict ou dix sur la table sans chandelliers et aux murs de la chambre pareil nombre ; une autre nuict dix-huict en un réchault, seize sur la table et d'autres attachées aux murs de la chambre ;

une autre nuict vingt dans un pallisson plain de son pour
servir de chandellier, qu'ils jettèrent ensuitte dans la
rivière, et en mirent plusieurs en des pommes qu'ils faisoient
aussy servir de chandelliers ; ont faict tourner la broche
jusques à trois fois par nuict, ensuitte jetté la chair aux
chiens, luy ont emporté une cœuillère d'argent, dont il se
seroit plaint à eux devant leur départ, et ont trouvé de
manque dans le compte de leur linge dix-sept serviettes,
trois nappes et deux linseulx ; ont lesd. cavalliers broyé
un pain de sucre et passé à un tamis s'en sont servy à
poudrer leurs cheveux, et enfin l'ont forcé et viollanté avecq
des jurements de nom de Dieu exécrables de leur donner
un billet comme quoy ils n'ont point pris d'argent ny n'en
ont demandé, lequel billet il déclare estre faux et contraire
à la vérité de ce qu'ils ont faict, et proteste qu'il ne pourra
luy nuire ny préjudicier, faisant icy une déclaration et
affirmation sincère et véritable, dont il a demandé acte que
nous dits nottaires luy avons octroyé pour luy valloir et
servir en temps et lieu ce que de raison, en sad. demeure
aud. Baptreau, led. jour vingt troisiesme octobre mil six
cents quatre-vingt et un à cincq heures du soir, et a signé
avecq nous. BOULAYS. LELIEPVRE, notaire royal. CHAMYER,
notaire royal.

DÉMOLITION

DU

TEMPLE DE CHAMPDENIER

13 septembre 1663

Le temple de Champdenier est le premier édifice protestant du Poitou qui ait été renversé par les ordres de l'autorité judiciaire et en présence de ses représentants, aussi cet événement eut-il à l'époque un grand retentissement, tant chez les catholiques que chez les Réformés. La démolition de l'édifice se fit les 13, 14 et 15 septembre 1663, mais il était depuis longtemps condamné à disparaître.

Le culte réformé s'était introduit de bonne heure à Champdenier ; les protestants affirmaient même qu'il y avait été fait des prédications dès 1541. La plupart des membres de la noblesse de la région environnante avaient embrassé avec ardeur la foi nouvelle, mais les seigneurs de ce lieu, de la famille de Rochechouart, s'y montrèrent longtemps rebelles. Un seul même y adhéra publiquement, Christophe de Rochechouart, qui périt au combat de Jarnac en 1569 en servant sous les ordres du prince de Condé. Son frère et héritier, Louis, était resté catholique, toutefois il ne paraît pas avoir apporté d'entraves à l'exercice public du culte qui se faisait sous la halle du bourg.

Après sa mort, advenue le 17 mars 1590, la situation changea. Sa veuve, Marie-Sylvie de la Rochefoucauld, était une fervente catholique, qui, après avoir pourvu à l'établissement de ses enfants, se fit en 1610 carmélite au couvent de la rue Saint-Jacques à Paris. Elle s'adressa au Grand Conseil et obtint en 1593 un arrêt interdisant le culte protestant à Champdenier. Le bourg était tellement resserré dans ses limites qu'il était facile de tourner la loi en transportant le prêche sur quelqu'une des paroisses voisines, de Germond, par exemple, où la plupart des gentilshommes avaient adopté la Réforme et sur laquelle était situé le cimetière des protestants de Champdenier. Mais cet expédient ne leur suffit pas; ils voulaient avoir dans le bourg un lieu de réunion, et ils en furent pourvus dans les premières années du xvii° siècle. Un gentilhomme du pays, du nom de Raymond, acheta une grange sur l'emplacement de laquelle on construisit un temple, largement éclairé par trois belles verrières.

Il ne semble pas que Jean-Louis de Rochechouart, le fils de la carmélite, ait troublé ses sujets dans l'exercice de leur culte, mais il en fut autrement de son fils François. Ce dernier, ayant fait en 1647 une visite à son domaine de Champdenier, éprouva sans doute quelque mécontentement de la part de la communauté protestante; toujours est-il que sur sa requête le présidial de Poitiers rendit, le 21 janvier 1648, une sentence portant que la porte du temple serait murée et que tout exercice public du culte protestant serait interdit dans la paroisse. Mais le pasteur, Second de Chauffepied, assisté d'un ancien, François Micheau, maréchal, fit appel au parlement de Paris; celui-ci, par arrêt du 30 juin 1649, confirma purement et simplement la sentence du présidial. Toutefois, les décisions de la justice restèrent encore sans effet, et l'église de Champdenier, à laquelle étaient rattachées celles de Germond, de Saint-Christophe et de la Bouchetière, prit une telle importance qu'en 1660 il y fut établi un second pasteur, Jean Mitault. Mais cette prospérité devait lui être fatale, car elle ne pouvait que réveiller les souvenirs du passé. François de Rochechouart, malgré ses embarras financiers, ne pouvait rester inactif. Il reprit contre les protestants de son domaine une nouvelle instance, et adressa au présidial de Poitiers une requête établissant que le temple de Champdenier avait été construit en un lieu où il avait tout droit de haute, moyenne et basse justice, et que, conformément à l'article VIII de l'édit de Nantes, qui n'autorisait l'exercice du culte réformé dans les villes, bourgs et villages que par permission et congé des seigneurs haut justiciers, il était fondé à en demander la démolition ; le présidial accueillit ces conclusions par sentence du 15 janvier 1661. Chauffepied fit encore cette fois appel au Parlement, dans l'espoir qu'en gagnant du temps l'orage aurait le temps de passer ; mais si la solution se fit attendre pendant plus de deux ans, elle ne fut pas conforme à ses désirs. Le Parlement, le 1er juin 1663, rendit un arrêt portant que le temple serait rasé en présence d'un conseiller au présidial et du substitut du procureur du roi, aux dépens de la communauté protestante, et ce nonobstant tous empêchements. Cette fois il n'y avait plus qu'à attendre et voir si l'exécution suivrait le prononcé de l'arrêt. C'est cette éventualité qui arriva, et trois mois après, toutes les formalités de procédure étant accomplies, l'ordre d'agir fut donné à la justice.

Les deux magistrats du présidial désignés dans l'arrêt se rendirent à Champdenier, assistés d'un greffier, d'un sergent et de quelques exempts de la Maréchaussée, afin d'éviter toute opposition de forme ou de force. Ils s'étaient en outre fait accompagner d'ouvriers de métier, afin de pouvoir procéder sans délai à la démolition de l'édifice. L'opération s'accomplit sans brutalité aucune et dans la forme ordinaire de l'exécution des sentences de justice. Le sergent royal assigna l'un des anciens, désigné dans l'arrêt du Parlement, pour venir assister à la démolition et lui remit à cet effet l'acte imprimé au bas duquel il avait apposé sa signification. Chauffepied, aussitôt avisé, voulut employer un moyen dilatoire pour empêcher l'exécution immédiate de l'arrêt ; comme le sieur Raymond avait spécifié dans la donation qu'il avait faite à la communauté protestante que si le culte était interdit à Champdenier, le terrain sur lequel le temple devait être construit retournerait à ses ayants droit, Chauffepied revendiqua cette propriété comme neveu et héritier du donateur. Le commissaire royal lui donna acte de sa protestation, lui dit que la propriété du terrain ne lui serait pas contestée, ce qui eut en effet lieu, mais que le texte de l'arrêt du Parlement étant formel, il fallait procéder à la démolition du temple, et celle-ci commença aussitôt. Elle dura trois jours et se fit au milieu d'une grande affluence de peuple qui était accouru dans le bourg (Filleau, *Décisions cath.*, p. 346) pour assister à l'exécution d'une sentence qui, quoique assez rare, se présentait encore de temps en temps dans les annales judiciaires.

Le curé de Champdenier, Jean Babu, chanta dans son église, à cette occasion, un *Te Deum* solennel et sans tarder il composa sur cet événement un poème en vers patois qui fut aussitôt imprimé. Il lui donna la forme d'un récit qu'il mit dans la bouche d'un ancien de l'Église réformée, et le fit avec une telle habileté que beaucoup de lecteurs furent assurément trompés sur la personnalité de l'auteur anonyme. Les frais du transport de la justice et de la démolition s'élevèrent à la somme de 1,043 livres 10 sous, qui fut avancée par le sénéchal de Champdenier, en faveur de qui fut rendu le 18 septembre suivant un exécutoire à l'égard des membres de la communauté dénommés dans l'arrêt du Parlement (Desaivre, *Histoire de Champdeniers*, p. 79).

Lors du règlement de 1665, les délégués protestants firent de grands efforts pour obtenir le rétablissement de l'exercice du culte à Champdenier, mais ils ne purent prévaloir contre les dispositifs formels de l'arrêt du Parlement. Toutefois Chauffepied continua à desservir les églises de fief avoisinantes, particulièrement Saint-Christophe, et à faire des prédications dans les maisons nobles des environs; il ne quitta sa résidence qu'en 1683, en vertu de l'arrêt du 17 mai qui portait « défense aux « ministres de la R. P. R. de faire leur demeure aux lieux où « l'exercice de leur religion aura été interdit. » (*Journal d'Anne de Chauffepied.*)

LES
DELOIREMONT

d'in Oncien des Huguenots
de Chondené apré la rouine
do Préche.

Sur tout ce qui s'est fait et passé pendant
la démolition du Temple, le treiziéme
Septembre mil six cens soixante-trois.

A POICTIERS,

Par Pierre Amassard, Imprimeur
& Libraire, dans l'Allée du Palais,
& au dessous du Moulin à vent.

AVEC PERMISSION.

PERMISSION.

NOus RENÉ DE LA COVSSAYE Escuyer, Conseiller du Roy, Juge Magistrat au Siege Presidial de Poictiers, les Sieurs Lieutenans General et Particulier dudit Siege absents, Du consentement du Procureur du Roy, Permettons à Pierre AMassard, Imprimeur et Libraire de cette Ville, d'Imprimer les Vers en Poicteuin faits sur la Démolition de la Maison où se faisoit l'Exercice de la Religion pretenduë reformée au Bourg de Champdeniers ; Avec deffences à tous autres Imprimeurs & Libraires, de cette Ville, Prouince & Ressort, de les Imprimer, vendre, ny distribuer. Fait à Poictiers ce vingtiéme Septembre mil six cens soixante trois.

Signé, DE LA COVSSAYE.

MARC IARNO.

LES DELOIREMONT (1) D'IN ONCIEN

HUGUENOT DE CHONDENÉ, APRÉ LA ROÜINE DO PRÉCHE.

———— ✄ ————

MON Diev coure srat-ô que netre pouure Eglise
Srat à quuvert do vont de galerne & de bize
Coure srat-ô, Segnou, que ton Petit Troupea
Dormirat en repou, ne creindrat pu sa pea,
Irat en tous les leut escouté ta Parole ?
Y ne veyray ja quieu mé bonne geon qui crolle (2).
Qui de nou ou veyrat ? Mas qui ne vege pas
Omoen que nous (3) Pastou segeont mis à quu bas.
Dedons le Poey de Gex glont abbatu nous Préche,
Glen font autont icy, diantre qui zou empéche.

(1) Plaintes, doléances, vient du verbe latin *dolere.*
(2) Ce mot appartient au vieux français où le verbe crosler a le sens de remuer, inquiéter ; dans ce passage, « qui crolle » peut être traduit par cette périphrase : ainsi que je le crains.
(3) Allusion à ce qui venait d'arriver dans le pays de Gex. En cinq jours, du 29 novembre au 2 décembre 1662, sur 23 temples que les protestants possédaient dans cette région, 21 furent rasés ; on ne conserva que ceux de Sergy et de Ferney. (Voy. le *Récit véritable de la démolition de vingt-un Temples de ceux de ladite Religion proche de Genève,* Arch. de la Vienne, C. 49, et Filleau, *Décisions catholiques,* p. 792, 798.)

Où esté-vou brave geons Amirau, Dondelot (1) ;
Vous qui dons vetre temps firé de si bon cot,
Vreturoux (2), guierréoux, que tout le Monde prosne,
Vené pre ronversé la gronde Babilone :
Que nous somme gisné, n'arian besin de vou ;
Ne veyon pu presesne icy de vetre himou :
Ion nerme(3) ne dit mout, bosse quio qui nou vénge (4),
La peste do Papau ; que la framme (5) les ménge
Et les boute tretou en si manvoit charré,

(1) La popularité de l'amiral Coligny et celle de son frère
Dandelot étaient toujours très grandes parmi les protestants ;
aussi l'appel qui leur est adressé par l'auteur des Deloiremont
en tête de son œuvre est un de ces traits dont elle fourmille et
qui avaient certainement pour objet de dissimuler la personnalité du narrateur.

(2) Aventuriers. Ce mot est ici pris en bonne part, et comme
synonyme de celui de guerrier qui le suit ; les chefs protestants
qu'invoquait l'ancien de Champdenier étaient non seulement des
guerriers, mais aussi de véritables coureurs d'aventures.

(3) Il était autrefois assez commun que dans la conversation
familière on donnât plus de valeur à certains mots en les person-
nifiant par l'adjonction du prénom de Jean ; tel est le cas présent
où il semble que Jean soit le prénom d'un particulier appelé
Nerme. Or, en patois poitevin, Nerme signifiant personne dans
le sens négatif, Jean Nerme est donc un être imaginaire. Aujour-
d'hui, dans la même occurrence, on aurait écrit : Monsieur
Personne n'a soufflé mot.

(4) La contraction de cette phrase est telle qu'elle en est ob-
scure ; nous croyons toutefois qu'il faut la comprendre ainsi : le
mal arrive à ceux qui nous vengent. On appelait bosse une sorte
de peste caractérisée par des bubons qui sortaient à la peau.

(5) Loups et autres bêtes fauves prises dans un sens fantas-
tique et légendaire. Voy. Du Cange, aux mots *Feramen*, *Fera-
mus*.

Que lou Pouué set moen que paille & que bouré.
Mas quieu ne sert de ren glont preux vont & marée
Et trey tyre (1) do moen de la carte virée,
Si gne nous veyont quieut gne sront iamois contont.
Helas ! si le bon Dieu m'eust foit cheu des ontont
Queme nou bon Vesin Sauzea, Michea, Ion Frere (2),
Y sré auoure o zeaux sons veyre quey misere ;
Mas gnou at pas veguiu, gle veil qui vege tout,
Pre lou allé apré conté de bout à bout.

O lyat deja lon tomps qu'ine méchonte Engeonce
Que le Diable a forgé : (diray-zy quieu qui ponse)
Le Iuge de quiet Bourg (3) prë nou meil tormonté
A foit gronde amitonce à in qui ést de Poïté (4),
Nommé Monsu Feillau, tré dongeroux Papistre (5),
Qui escrit souuont au Rey de contre nou Ministre,

(1) La tire est la carte retournée d'un jeu qui indique l'atout ;
avoir trois tires, c'est avoir trois atouts, ce qui, dans le jeu que le
narrateur avait en vue, devait assurer le gain de la partie.

(2) Babu a, dans le cours de son récit, cité un certain nombre
de membres de la communion protestante de Champdenier ;
M. Léo Desaivre a essayé, dans son *Histoire*, p. 72-79, d'identifier
leurs noms. Nous ne nous arrêterons que sur ceux qui offrent un
intérêt historique, et pour le surplus nous renvoyons au travail
précité.

(3) René Boujeu, sr de la Ferrandière, avocat en parlement,
sénéchal de Champdenier.

(4) Poitiers, capitale de la province de Poitou, siège du présidial et de l'Intendance.

(5) Jean Filleau, éc., sgr de la Bouchetterie, docteur régent en
la Faculté de droit de Poitiers et avocat du roi au présidial de

2**

Qui se bonde trejou contre netre Troupea,
Qui ne se gogne (1) poen pre do cot de chapea,
Qui chasse nou Pastou, les foit couri à couble
A Poïté, à Paris, sons qu'o ly couste in double (2).
Quio Feillau & le luge ont foit si grond Ciué (3)
Pre vey le Préche à bas, que gly sont arriué ;
Que gloguissont tous deux lou quu plascré de gême !
Que quio malheuroux cot nous a cousté d'argremme (4) !
Que glén coustrat encore & frat braillé de geon.

cette ville. Catholique ardent, il a publié plusieurs écrits sur
des matières religieuses au point de vue juridique et justifia de
tous points la qualification qui lui est ici donnée de « dangereux
papistre ». Son zèle royaliste lui valut d'être nommé chevalier
de l'ordre de Saint-Michel en 1653 et d'être anobli en 1661. Le
plus consulté de ses ouvrages porte cet intitulé : *Décisions catholiques ou Recueil général des arréts rendus en toutes les cours
souveraines de France en exécution ou interprétation des édits qui
concernent l'exercice de la religion prétendue réformée*, et
parut à Poitiers en 1668. Dans ce volume, aux pages 345 et 346,
sont transcrits les deux arréts du Parlement de 1649 et de 1663
qui interdisaient le culte protestant à Champdenier.

(1) Qui ne se laisse point gagner.

(2) Petite pièce de cuivre qui valait deux deniers, ce qui la fi
appeler double denier ou simplement double ; la fabrication en
fut très considérable sous le règne de Louis XIII.

(3) Le Glossaire de Lalanne donne à ce mot le sens d'avantage,
qui n'est pas exact dans le cas présent ; il se rapproche plus de
celui de jactance, d'ostentation, que l'on trouve dans Du Cange
appliqué au mot civare qui est le même que notre civé (v° *Cluere*).

(4) Le mot argremme, qui ne se trouve pas dans les glossaires,
est sans doute le résultat d'une faute d'impression, la lettre r
ayant pu être mise à la place d'un i : dans le parler commun,
on dit aigrèmes dans le sens de larmes.

O l'arriuit Ieudy in Greffé, in Sergeon,
Le Preculou do Rey (1), in home de Iutice
(Qui somble en quio mesté n'etre ja trop nouice)
Nommé Monsu Augron (2), avec do Cherponté
Et do Masson o zeau, qui entondont le mesté
De desfoire le Tomple, o nou faût que trop crere :
Ha ! qui les eusse veu de bon quieu d'en la Beyre :
Queys Ouuré que le Diable enuoyit de l'Onferc
Apportiront do corde, ine Barre de ferc,
Do Martea, do Feüillet (3), do Pale, & do Piarde,
Toute quieu que Sathon (Dieu me sauvent & garde)
Lou dissit d'apporté gny monquiront de ren ;
Y en vy quatre d'abord à pé queme do Chen,
Qui venguiront ontré tout fin dret ché la Fie,
Qui creyey netre Amy, mas morguy si m'y fie,
Quond o ly voit omoen de la Religion,
Glonte trot les Curez pre foire ren de bon.
O venguit apré quieu dos habeillé de negre (4)
Cinq ou six à cheuaux, qui se fasiont segre
Pre do Valet à pé, le Iuge avecque zeau
Les menit dret ché ly ; le pouure Ion Rezeau

(1) Marc Jarno, éc., sr du Pont-des-Groseillers près de Champdenier, procureur du roi au présidial de Poitiers.

(2) Jacques Augron, sr de la Saisinière, conseiller au présidial
de Poitiers ; c'est lui qui est désigné plus bas avec la qualité de
commissaire chargé de l'exécution de l'arrêt du Parlement.

(3) Nom de la scie dans sa forme vulgaire.

(4) Les deux magistrats et les autres hommes de justice qui
portaient, selon l'usage, un costume noir.

M'ou contit queme quieu, Gle dessondiront vite,
Et courguiront d'abord visité la Marmite ;
La goule lou japet, gle bramiont de foen,
De quio jou n'gauiont mengé mige de poen ;
Gle degniront lou saoul premé que de ren foire,
Peut apré venguiront quemoencé quielle affoire.
Garsault (1) le fin premé venguit au Marichau
Michas mon bon Vezin, qui battet in Fer chau,
L'assinit à veni veire abattre le Tomple,
En ly laschont l'Arrest emmolé (2) & ben omple.
Quio l'Oncien fut sasi d'ine si gronde pou,
Qu'a quieu qui vé depeu glen at poen foit son prou ;
Gle dissit que gl'iret sons autre préombule
Quond glaret acheué de ferré ses deux Mule.
Gle quittit pretont tout et s'en venguit ché nou ;
Peu diqui n'onguiron cherché nou deux Pastou (3),

(1) C'est le sergent royal chargé de signifier l'arrêt du Parlement aux intéressés.

(2) Il résulte de ce passage que l'arrêt du Parlement a été imprimé, mais nous n'avons pu le retrouver. Il était sans doute de format in-4° et en gros caractères, dans le type de certains arrêts des Grands Jours de Poitiers de 1634, et surtout des jugements de l'intendant de Lamoignon, qui ordonnèrent en 1685 la démolition de plusieurs temples.

(3) L'église protestante de Champdenier était desservie par deux pasteurs : Second de Chauffepied et Jean Mitault. Chauffepied, fils de Jean de Chauffepied, éc., pasteur de Niort et filleul d'Agrippa d'Aubigné, fit ses études à l'Académie de Sedan, et fut nommé pasteur de Champdenier en 1633. (Voy. Beauchet-Filleau, *Dict. des familles du Poitou*, 2ᵉ éd., t. II, p. 329.) Mitault,

Micheas lou donnit donc quio l'Arré pre le lire :
Ha ! des - l'houre y vis ben qu'o n'y o poent qui
[à rire.
In d'entr' eaux nous dissit, nou veyont esbaffé,
Que quieu ne deuet poen affeubly netre Fé,
Qu'o felet ben paty peusque Dieu nous visite
Pre tont de chastimont, dont ne srons iamois quitte
Pl'amor de nou pechez, que ne segeons cauny (1),
Mas qu'apré dons le Ciel ne srons tretou Rauny.
Le Commissaire estet déjà deuont la Porte,
Et Chauffepé courguit l'y parlé de la sorte :
Monsu y vous diray, que mon Oncle Raymon (2),
Qui aymet à escouté nou Préche & nou Sermon
Au temps que nou Pastou firont netre Reforme
Et que gle préchiont so l'Hasle (3) & so les Horme,

beaucoup plus jeune que son collègue, avait épousé, dans le temple de Saint-Maixent, le 30 octobre 1661, Marie Clément, d'une ancienne famille de cette ville.

(1) Ce mot, qui n'est plus en usage, paraît avoir la signification de marqué avec un coin, par allusion à la marque'mise par les anges sur le front des serviteurs de Dieu, au verset 3, chap. vii, de l'Apocalypse.

(2) Cet oncle de Second de Chauffepied, que nous n'avons pu sûrement identifier, devait être le frère de Marie Raymond qui épousa, le 17 août 1606, Jean de Chauffepied, père du pasteur de Champdenier.

(3) C'est seulement sous le règne de Henri IV, après la promulgation de l'édit de Nantes, que les protestants construisirent des édifices spécialement affectés à leur culte. Jusque-là les places publiques et surtout les halles, quand une localité en

2***

Achetit quielle Gronge espreu pr'y vey préché (1) ;
Mas s'o venet qu'in jou lon la veguist lesché,
Ou ben que lon veguist empesché quio l'Vsage,
Qu'a retournret aux sen & sret de lous hertage
Y ven donc m'emparé de ma Soucession,
Et foire à vetre Arré mon Opposition.
Quio Iuge qui prétet l'oreille à ses dizace
Sons foire le faschoux, mas d'ine bonne grace
Dicit, que gle baillet Acte de ses raison,
Cependont qu'o felet abattre la Moison (2).
A son Quemondemont vecy que deux grond drolle
Rabastiront si fort que tout allet au Rolle (3).
Morin passit à l'houre auecque in Pistollet,

possédait, servirent à leurs réunions ; au milieu de la petite place
de Champdenier se trouvait peut-être d'ancienneté un orme, à
l'ombre duquel se tenaient en été les réunions paroissiales, à
moins que Babu ne fasse allusion à celui qui dut y être planté,
conformément aux ordres de Sully, lorsque ce ministre de
Henri IV en dota les places de toutes les paroisses de France.

(1) Le temple était situé sur l'un des côtés du petit plan placé
devant l'entrée des Halles, du côté de la rue de Genève. (Desaivre,
Hist. de Champdeniers, p. 69.)

(2) M. Desaivre rapporte (*Hist. de Champdeniers*, p. 71) que
la propriété du terrain où était édifié le temple ne fut pas contestée à Second de Chauffepied, et qu'il passa à ses héritiers qui
par la suite l'aliénèrent.

(3) Cette expression n'est plus en usage, mais étant donné le
sens ancien du mot roller, on peut croire que l'auteur a voulu dire
que les gens amenés par les magistrats frappèrent si fort à la
porte du temple, ce qui est le sens précis de rabâter, que c'était
un roulement ininterrompu.

Le Greffé eust veguiu l'y sauté au collet (1) ;
Mas Morin s'excusit, & dissit sons mésonge
Que gl'estet à do geon qui estiont de Coulonge (2),
Qui de lou remporté ly auiont mondé
Aussi tou que gl'aret esté aquemodé.
Gnen firont pu apré ine pu gronde Enquéte,
In chaquin do Masson & Cherponté s'apréte
De foire de son meil, gle grauont cinq ou six
Su netre pouure Tomple, y ou regardé d'assis
D'in leut voure y été ontré à la sourdine :
Gle s'en prenguiront donc d'abord aux tré Verrine (3),
Qui esclairiont si ben, gle les firont sauté
D'in cot de poing chascune, & firont grenotté
Les Chevron, les Traverse & les Latte & les Teuble,

---

(1) L'abstention presque complète des protestants de Champdenier à la démolition de leur temple ne permet pas de voir
dans l'acte de ce particulier autre chose que ce que nous raconte
l'auteur des Deloiremont.

(2) Coulonges-les-Royaux, gros bourg situé à quatre lieues de
celui de Champdenier, avec lequel il entretenait, avant l'ouver-
ture des nouvelles voies de communication, beaucoup de relations commerciales.

(3) La mention spéciale de ces trois verrières qui éclairaient
si bien l'intérieur du temple, sans doute par un côté, semble être
l'expression voilée d'un regret de la part de Babu. Comme les
hommes de son temps, il devait préférer aux édifices sombres de
l'époque romane dont son église reste un si curieux spécimen,
les bâtiments rectangulaires, à voûtes en bois et à larges baies
cintrées, type général de ces chapelles de couvents construites
en si grand nombre à cette époque et dont les principales dis-
positions étaient reproduites dans les Temples.

Les Soliues, les Esse, enfin tretou les Meuble
Que gle puront troué, glou briziront queme ail ;
Y ponsé pretont rire au meilleut do trauail,
Deux de quiellé grond bougre entriront dén la Latte
Quasimont jequ'au cou, o ne faut poen qui flatte,
Y creyey pre ma fé que gl'éstiont chet à bas,
Enfonsé dons le Tomple, à l'houre y ne pú pas
Me teny d'esclatté tont y en esté aise ;
Mas qui me trompy ben, y vy (Dieu ne déplaise)
Quey deux Diable debout foire queme deuont ;
Gle poussont, gl'enfonsont, gle tiront, gle leuont
Toute quielle Cherponte & la jettont à tearre,
Mettont tout à mourcea queme non casse in vearre.
Barbault, qui oguit grōd pou qu'o fit cheu sa moison,
Venguit foire sa Plinse (1), & pre toute raison
Le Iuge l'y dissit, que s'o ly o demage
Gle ly sret reparé. A tout quio bel Ouurage
O n'y venguit pas in do netre ce cré-zy,
O l'y o prou de Papau à esire à delezy (2)

(1) Plainte. (Desaivre, *Histoire*, p. 312.)

(2) L'abbé Lalanne, dans son *Glossaire*, donne les formes actuelles d'adelzi, adlaesi, adlési, avec le sens de désœuvré, d'effronté. Il nous paraît que l'orthographe de ce mot devrait être plutôt celle adoptée par Babu, si, comme nous le pensons, « delezy » est issu d'un des temps du verbe latin *delectare ;* les gens qui vinrent en grand nombre assister à la démolition du temple de Champdenier se trouvaient là par désœuvrement, presque avec joie, comme le fait remarquer le prétendu ancien. On trouve cette expression, avec le sens que nous lui attribuons, dans le *Rolea*, p. 116.

Et veni veyre iqueu les in apré les autre
Queme en Precession, fasont les bons Apautre,
Pre foire qui lou Feste auecque lou Curé,
Qui estet tout le premé : Que gle set assuré
Que ne ly vedrons ben, vau morgui à quauque houre
N'en trouron ben moyen in jou s'o n'est avoure ;
Que gle nou lesche foire, o n'y at poen mey den l'on
Qui ne venge à son tou, glést in poey trot bruslont,
Gle se sret ben passé d'apporté qui ses chausse ;
Y sçay déjà quauquin qui ly frat ben sa sausse,
Aussi ben qu'au grond né quio bon Curé de Cous (1)
Qui nous at foit quio cot, le bon home Prious (2),
Qui estet auecque zeau, s'en sontirat peut estre
Quond g'ly ponsrat le moen. Y vy pre la fenestre
Voure y esté assit les Feilles d'in Pastou (3),

(1) Cours, paroisse située à un quart de lieue de Champde-nier ; elle avait alors pour curé Jean Coralleau, dont nous avons parlé dans la notice biographique de Babu.

(2) Le prieuré de Champdenier était en 1663 en la posses-sion de Jacques Aubery, chanoine de la Sainte-Chapelle de Paris, qui le tenait en commende. Il est peu probable que ce per-sonnage, appartenant à la grande famille parlementaire des marquis de Vatan, ait assisté à la démolition du temple de Champdenier, et particulièrement qu'il soit désigné sous cette qualification un peu ironique de « bonhomme prious ». Il s'agit évidemment du desservant in divinis du prieuré, dont la situation était inférieure à celle des deux curés dénommés avant lui et qui était alors un prêtre du nom de René Gouraut.

(3) Chauffepied était veuf, sa femme Claude de la Forest étant morte le 16 décembre 1662. Elle laissait cinq enfants, dont trois filles ; l'aînée, Anne, est l'auteur d'un Journal fort intéressant

Et la Femme de l'autre, a fouyiront ben tou
Quond à viront quey geon foire quio tintamarre,
Euront tont de doulou qu'a coguiront en arre
Foire le trebuchet, leuont les œil, les moen
Vers Dieu, pre l'appellé queme y ponse à témoen
De la grond cruauté qu'o souffront les Fidelle,
Les Pastou, les Oncien, & toute la sequelle.
Y ne vy pu pas in do netre apré quieuqui,
Chaquin gardet son foyé, sons velé veny qui (1)
Apporté son muzea ; la Boitouse Fleurie
Estet couchée au let, tont à l'estet marrie ;
Fausseillon le Barbé avec l'Operatou
Estiont chez les Cerneas, tous deux si fort pitou
Que gleussiont foit grond pou à les veyre à lour mine,
Mon compere Iacot brasset sa Tormontine
Auecque d'autre Drogue à purgé le ceruea ;
Ieon Gaulté le Sargé trefuet (2) do nauea,
Ion Viré trauaillet à battre de la Bourre,
Le Doridé ché ly quuret son Tirebourre
Et lauet son Fouseil, le pouure ambitioux
Pleurit ton que sez œil en sont tout chassioux,
Celadon ché Ion Roy chontet in de nou Seaume,
La Contesse sa Mere allit cherché Girosme,

racontant les misères qui accompagnèrent sa sortie de France,
lors de la révocation de l'édit de Nantes et qui a été publié dans
le *Bulletin de l'histoire du protestantisme français*, t. VI, 1856.

(1) Ce vers a treize pieds, ainsi du reste que plusieurs autres
du poème où l'élision de certaines lettres n'a pas été indiquée.

(2) Trefuer signifie sarcler avec une fourche à trois dents.

Pre leué in Contrat, & Monsu de Rouon (1)
Estet vne sçay voure où gle voit ben souon,
Et Sauuétre habeillet in Vea den sa Turie,
Iacque Imbert esparet do Mothe à la Tannrie,
Gaillard estet chez ly, qui boiuet queme in Coy (2),
Le pétit Renegat tiret de lésve au Poy,
Pren estre ben fourny tout le jou de la Fére (3);
O n'y oguit donc que mé qui vy jetté les pére
De netre pouure Tomple, & de tous les presont
O n'y en oguit pas in qui me fut si neusont
Que Monsu Gellinea, qui veyet la besegne :
Ha ! que gleust ben meil foit d'allé gardé sa Vegne.
O fut tout desmoly des le haut jequ'au bas :
Apré qui eu quefront-eil? Ha que gne ponsont pas
Prin Tomple desmoly roüiné netre Eglise,
O n'y at qui ren à foire a l'ést trot ben assise ;
Et pre quio Te Deon que glont si ben chonté,
De chongé netre Fé ne srons iamois tonté,

(1) Ce personnage, qui est le seul gentilhomme cité dans *les Deloiremont,* doit être François de Rion, qui, vers cette époque, était curateur aux causes de son parent Daniel Desfrancs, fils d'Abraham Desfrancs, sgr de Repérou. Les familles Desfrancs et de Rion avaient embrassé la Réforme de très bonne heure ; dès le 2 janvier 1571, Charles Desfrancs avait fait devant le sénéchal de Poitou une déclaration pour l'exercice public de sa religion dans sa maison noble de Repérou, paroisse de Germond.

(2) Caniveau, passage établi sous un mur, sous un chemin pour l'écoulement des eaux d'une écurie, d'un champ.

(3) La foire de Champdenier dite de la Petite-Notre-Dame devait se tenir le surlendemain 15 septembre.

N'iron à Sén Cretofle (1) escouté nou Ministre (2),
Gle nou veyront damné pu tous qu'estre Papistre.

FIN.

(1) Saint-Christophe-sur-Roc, paroisse située à une lieue et
demie de Champdenier. C'était le chef-lieu d'une haute justice
relevant de la baronnie d'Aubigny et Faye, et dont les seigneurs,
du nom de Monceaulx, s'étaient fait reconnaître le droit d'exercice de fief, droit qui ne fut jamais contesté. Toutefois, depuis la
fin du xvie siècle, cette église ne possédait plus de pasteur en
titre et elle était desservie par le pasteur de Champdenier, ainsi
qu'une autre église de fief, celle de la Bouchetière, paroisse de
Saint-Lin ; cette dernière fut supprimée en 1665. La seigneurie de
Saint-Christophe était en 1663 en la possession de Gabriel de
Clervaux, sgr du Breuil-Cartais ; ce gentilhomme, aussi protestant,
l'avait eue récemment par échange de Louis de Monceaulx et
continuait d'y faire pratiquer l'exercice auquel il avait droit.

(2) Chaufiepied n'abandonna pas Champdenier où de nombreux intérêts le retenaient ; il n'en sortit qu'en 1683, en vertu
de l'édit du 17 mai qui lui interdisait de résider dans le lieu
où il avait exercé comme ministre ; vieux et paralytique, il se
fit transporter à Cherveux, où le culte public était encore
maintenu, et y mourut le 13 juin de l'année suivante.

Quant à Mitault, il fut chargé du service de l'église réformée
de Chef-Boutonne et passa en Angleterre lors de la Révocation.
(Voy. Lièvre, *Hist. des protestants*, t. III, p. 55 et 284.)

DÉMOLITION

DU

TEMPLE D'EXOUDUN

10 janvier 1667

———————>◦<◦<———— —

La démolition du temple de Champdenier n'avait eu qu'un caractère privé ; c'était le dernier acte d'un débat poursuivi avec des chances diverses entre les seigneurs de ce bourg et la communauté protestante. Il n'en fut pas ainsi de la destruction de celui d'Exoudun ; il disparut en conséquence des mesures générales qui furent alors prises pour restreindre l'exercice public du culte réformé.

La réglementation de cette publicité avait été une des grandes préoccupations des rédacteurs de l'Edit de Nantes ; ils avaient bien donné aux pasteurs une situation équivalente à celle des curés, les plaçant comme eux au rang des privilégiés, mais d'autre part, tout en reconnaissant aux protestants pleine liberté de conscience, ils avaient cru devoir apporter certaines entraves à l'exercice public de leur culte. L'Edit ne semblait pas admettre son extension possible, donnant par ce fait des armes aux agents du pouvoir, qui plus tard déclarèrent que cette publicité était une tolérance et non un droit, et arguèrent de ce principe pour en opérer la suppression. L'article IX portait que l'exercice public se ferait et se continuerait dans toutes les villes et lieux où il était établi et fait publiquement pendant l'année 1596 et jusqu'à la fin du mois d'août de l'année 1597.

3

L'article X reconnaissait en outre aux Réformés le droit de rétablir le culte public dans les lieux où des prêches avaient été établis conformément à l'Édit de Poitiers de septembre 1577, complété par celui du 17 du même mois, dit Édit de Bergerac ; l'article VII permettait aussi aux seigneurs hauts justiciers de faire l'exercice public de la religion réformée dans leurs maisons, à charge d'en faire la déclaration aux sénéchaux royaux, et enfin l'article VIII l'accordait aux autres gentilshommes dans leurs maisons nobles, à condition de ne pas y réunir plus de trente personnes.

Le synode provincial tenu à Saint-Maixent le 26 août 1598 reconnut en Poitou l'existence de cinquante églises ; mais ce chiffre ne fut jamais absolument exact, car, d'un côté, certains seigneurs catholiques cherchèrent à faire disparaître des églises établies dans leurs fiefs, comme il se produisit à Champdenier, d'autre part, et le cas fut beaucoup plus fréquent, les Réformés s'appliquèrent à construire des temples ou à ouvrir de nouveaux lieux de prédication toutes les fois qu'ils crurent trouver une occasion propice ; ils profitèrent surtout d'un paragraphe de l'article VII qui concédait aux seigneurs hauts justiciers le droit d'avoir l'exercice public de leur religion dans toutes leurs maisons de haute justice, autres que celle où ils l'avaient fait primitivement reconnaître, à la condition qu'ils y fissent leur résidence ; or, il arriva bien souvent que l'on établit un culte permanent là où, conformément à l'Édit, il n'aurait dû être que temporaire.

Certains esprits ardents, particulièrement des gentilshommes et des femmes de la noblesse, qui souvent, comme dames de fief, étaient appelées à jouir des privilèges concédés par l'Édit de Nantes, avaient peine à se contenir dans les limites qu'il avait imposées. Pour avoir le droit de prêche dans certaines localités, des gentilshommes firent anoblir les domaines roturiers qu'ils y possédaient, d'autres firent ériger en hautes justices par des suzerains complaisants des fiefs qui n'avaient que des droits inférieurs.

Mais ces agissements, auxquels la Cour ne prêta pendant longtemps qu'assez peu d'attention, avaient en beaucoup de lieux surexcité les esprits, et le présidial de Poitiers se montra particulièrement hostile aux tendances ouvertement exprimées par des seigneurs protestants et certains consistoires. De part et d'autre on en appela au roi qui, dès 1658, promit d'envoyer dans les provinces des commissaires chargés de vider les différends entre les deux partis. Au mois d'octobre 1661, les commissaires du Poitou furent nommés ; c'étaient, pour les catholiques, Charles Colbert de Croissy, frère du ministre, et pour les protestants, Claude de la Noue, seigneur de Montreuil-Bonnin.

Le rapport de Colbert au roi, portant non seulement sur les affaires religieuses, mais encore sur la situation de la province du Poitou envisagée à tous les points de vue, est du plus haut intérêt, car il émane d'un personnage qui, se plaçant au-dessus des questions locales, a jugé les hommes et les choses avec une grande indépendance de caractère et un véritable sentiment administratif. Le 29 novembre 1664, l'ordre fut donné aux églises et aux seigneurs de produire les titres en vertu desquels ils jouissaient du droit d'exercice de culte, de posséder des temples, des collèges, des écoles et des cimetières. Les débats commencèrent le 17 janvier 1665 et le 6 août le Conseil rendit un arrêt portant exécution du règlement intervenu entre les parties.

En vertu de ce règlement, la plupart des temples du Bas-Poitou devaient disparaître, et aux environs de Saint-Maixent on fermait ceux des bourgs d'Exoudun, de Couhé et de Saint-Gelais et des hautes justices de la Bouchetière et de Boisragon. Cet acte était désastreux et, pour en arrêter l'effet, des sollicitations furent tentées auprès du roi ; mais un nouvel arrêt en date du 19 janvier 1666 enleva tout espoir aux protestataires, et moins de quinze jours après son envoi aux syndics du clergé des diocèses de Luçon et de la Rochelle, les temples du Bas-Poitou furent démolis.

Les choses ne marchèrent pas aussi vite dans le diocèse de Poitiers, et peut-être le *statu quo* aurait-il persévéré pendant quelque temps encore, si la mise en mouvement des agents du pouvoir n'avait été stimulée par les façons d'agir de certains esprits exaltés du parti protestant. Un synode provincial fut convoqué à Lusignan, à la suggestion de Charles de Gourjault, seigneur de Venours, qui devait y exercer une influence prépondérante. La justice avait déjà eu à s'occuper de ce personnage à propos des tentatives qu'il avait faites pour établir un temple dans son château de Venours, et il avait fallu un arrêt du Conseil,

à la date du 31 janvier 1660, pour arrêter ses entreprises, en ne lui
laissant que la faculté de faire prêcher dans ce domaine pour son
service personnel et celui de sa famille. (Filleau, *Décisions*, p. 503.)

A ce synode furent appelés les pasteurs des temples abat-
tus dans le Bas-Poitou ; ils y assistèrent avec voix délibéra-
tive, comme s'ils représentaient des églises encore debout, et il
fut décidé qu'ils continueraient à faire l'exercice public de leurs
églises et qu'ils prêcheraient soit en plein champ, soit sous des
arbres commodes, aux heures ordinaires.

L'auteur du poème sur la destruction du temple d'Exoudun,
bien placé pour savoir ce qui s'était passé à Lusignan, nous apprend en outre que, pour obvier au défaut de pasteurs dans certaines localités, on invita les anciens des églises à faire des prédications dans tous les lieux qui leur sembleraient propices :

« Par les bois, par les champs, les vignes et les prés. »

Les esprits politiques du parti avaient aussi, comme avant 1628,
tourné leurs regards du côté de l'Angleterre, où Cromwell exer-
çait alors sa toute-puissance.

La réponse à ces essais d'opposition contre les arrêts des
6 août 1665 et 19 janvier 1666 ne se fit pas attendre ; un nouvel
arrêt du Conseil d'Etat, en date du 5 octobre 1666, invita l'Intendant du Poitou, M. de Barentin, à tenir la main à l'exécution des
arrêts précédents, faisant défense à ceux de la R. P. R. de s'assembler en aucun lieu, sous quelque prétexte que ce soit, ordonnant qu'il fût informé contre les particuliers et les ministres
qui contreviendraient aux défenses portées par lesdits arrêts, et
qu'il fût procédé contre eux comme perturbateurs du repos public. (Arch. de la Vienne, C. 49; Filleau, *Décisions*, p. 425.) L'Intendant s'empressa, dès le 8 novembre, étant à Fontenay, de rendre
une ordonnance portant signification de l'arrêt aux ministres et
spécifiant sa publication et son affichage partout où besoin serait.
Aussitôt après, Aubert de Bret, chanoine de Sainte-Radegonde de
Poitiers et syndic du clergé du diocèse, adressa une requête au
lieutenant général de la sénéchaussée, Jean de Razes, seigneur de
Verneuil, pour que l'on procédât à l'exécution de l'arrêt du Conseil,
restée en suspens depuis quatorze mois. Ce magistrat rendit son
jugement le 20 novembre, et se mit aussitôt en mesure de l'exécu-

ter. En compagnie du procureur du roi, Marc Jarno, sieur du Pont, qui avait déjà présidé à la destruction du temple de Champdenier, et du syndic du clergé, il se dirigea vers Exoudun dont le temple était le premier désigné pour disparaître.

Quand les magistrats arrivèrent dans ce bourg, ils trouvèrent le peuple soulevé. Deux femmes, Marguerite de Saint-George, veuve de Bonaventure Forain, chev., sgr de la Bonnière, dame de Boissec, la principale seigneurie du bourg, et Louise Forain, sa fille, veuve de Pierre Vasselot, éc., sgr de Regné, avaient, dit Thibaudeau (*Hist. du Poitou*, t. VI, p. 208), « fait as-
« sembler les religionnaires des paroisses voisines jusqu'au nom-
« bre de trois mille hommes, déguisés pour la plupart en paysans;
« les uns avoient des mousquetons et pistolets, les autres étoient
« munis de faux et autres instruments, avec des armes sous leurs
« casaques; ils étoient campés en trois endroits: dans le château,
« au temple et dans quelques maisons voisines. Les commissaires
« envoyèrent un huissier pour voir ce qui se passoit ; il leur rap-
« porta que le peuple étoit en armes : néanmoins les deux
« commissaires voulurent approcher du temple avec des ouvriers;
« mais ils rencontrèrent sur leur chemin des troupes de sédi-
« tieux qui les obligèrent de se retirer : ils dressèrent leur pro-
« cès-verbal de cette rébellion et l'envoyèrent en Cour. Les dames
« Forin et de Rigny vinrent trouver M. Barentin, Intendant de
« Poitiers, et on prétendit qu'elles lui avoient tenu des propos si
« hardis et si séditieux qu'il jugea devoir s'assurer de leurs per-
« sonnes. La dame de Rigny fut depuis mise à la Bastille. »

Le gouvernement ne pouvait rester sous cet échec, aussi s'empressa-t-il d'y mettre ordre. « Peu de temps après, M. Barentin fit
« rendre à Exoudun toutes les troupes d'infanterie qui étoient à
« Saint-Jean-d'Angély, à Saintes et Angoulême, et deux compagnies
« de chevau-légers ; il avoit ordre de s'y transporter en personne,
« de faire démolir ce temple, et, après cette démolition, de laisser
« dans le bourg le nombre de troupes qu'il pourroit supporter, pour
« y tenir garnison pendant le reste de l'hiver. On fit en consé-
« quence rendre ces troupes à Exoudun ; après qu'elles y eu-
« rent fait quelque séjour, M. Barentin s'y transporta, accompagné
« du comte de Pardaillan, lieutenant de roi de la province : la dé-
« molition fut faite en leur présence. Ils allèrent ensuite détruire

« celui de Couhé ; il n'y eut plus de difficulté pour la démolition
« des autres temples, ordonnée par l'arrêt du Conseil. »

L'Intendant avait agi en vertu d'une lettre de cachet datée de
Saint-Germain-en-Laye du 26 décembre 1666, signée Louis et
contresignée Le Tellier, qui lui avait ordonné de procéder avec
cette énergie. Les ordres du roi furent rapidement exécutés, et
les troupes désignées dans sa lettre étant arrivées sur les lieux, l'Intendant s'y rendit à son tour ; le 9 janvier 1667, il partit au matin
de Poitiers accompagné du syndic du clergé et fut coucher le
soir à Pamprou, chez le comte de Pardaillan ; le lendemain 10,
il se rendit en sa compagnie à Exoudun où, étant arrivés sur les
9 heures, ils rencontrèrent la marquise de la Barre, petite-fille de
la dame Forain, venue au-devant d'eux et qui les assura d'une
entière soumission et déférence, tant de sa part que de celle de
sa grand'mère et des habitants d'Exoudun aux ordres du roi,
protestant que s'ils leur avaient été aussi parfaitement connus
qu'ils leur étaient présentement, il n'aurait point été besoin que
l'Intendant se transportât sur les lieux pour faire la démolition
du temple. Après qu'elle se fut retirée, Barentin ordonna à un
maître charpentier et à un maître maçon qu'il avait fait convoquer
avec charge d'amener avec eux neuf manœuvres, de procéder
aussitôt à la démolition de l'édifice, ce qu'ils firent.

Le comte de Pardaillan donna ensuite ordre à deux compagnies
de cavalerie de partir aussitôt pour Couhé, dont le temple devait
être démoli le lendemain ; le soir, il fut avec l'Intendant et le syndic du clergé coucher à Guron, d'où le lendemain 11 ils se rendirent
à Couhé. Pour activer la démolition de l'édifice, ils employèrent les
cavaliers qui vinrent en aide aux ouvriers et ne partirent que quand
la besogne fut à moitié faite. Ils rentrèrent le soir coucher à Pamprou, et le lendemain 12, Barentin, en se rendant à Niort, passa
par Exoudun, où il constata l'entière démolition du temple ; il
renvoya la plus grande partie des troupes dans leurs garnisons et
ne laissa dans le bourg, jusqu'à nouvel ordre, que les compagnies
du régiment de Normandie. (Filleau, Décisions, p. 852-853.)

La dame Forain de la Bonnière, dont le rôle a été si marqué
dans cette affaire de la démolition du temple d'Exoudun, appartenait à cette puissante famille de Saint-George, seigneurs de
Couhé, qui avait tant contribué à l'établissement de la Réforme

dans cette région et à sa propagation ; elle possédait dans le pays des revenus considérables, qui, en 1698, étaient estimés à 7,000 livres. De son mariage avec un officier d'artillerie, Bonaventure Forain, elle avait eu deux filles. L'aînée, Marguerite, épousa Théophile Bodin, éc., sgr de la Barre, et les deux époux se faisaient une donation mutuelle à Fontenay le 9 juillet 1648. De leur union ne sortit qu'une fille, appelée aussi Marguerite, qui se maria avec Henri, marquis de Chivré, d'une grande famille protestante de l'Anjou. C'est cette dernière qui vint le 10 janvier 1667 protester auprès de l'Intendant de son obéissance aux ordres du roi. La fille cadette de Marguerite de Saint-George, nommée Louise, épousa Pierre de Vasselot, éc., sgr de Regné, dont elle n'eut pas d'enfants. Ardente comme sa mère, et regardée comme la principale instigatrice de la rébellion des gens du pays d'Exoudun, elle fut enfermée à la Bastille où elle se trouvait encore le 11 avril 1669, jour où elle en sortit quelques instants pour être amenée « dans un lieu de liberté », et y pouvoir donner une procuration par-devant notaires. (Min. de Jean Faidy, notaire à Saint-Maixent.) On la retrouve en 1675 retirée dans sa maison noble de Boissec ; mais à la Révocation elle passa à l'étranger et ses biens furent mis sous le séquestre. (Arch. de la Vienne, C. 49.)

L'influence de la famille de Saint-George aussi bien que celle des riches familles Du Fay de la Taillée, d'Aitz de la Guillotière, Gillier de la Villedieu, qui possédaient les principaux fiefs de la paroisse, contribua beaucoup, malgré la destruction du temple, à maintenir les habitants d'Exoudun dans la religion réformée ; en 1698, sur 1,400 âmes on comptait dans la paroisse 1,339 nouveaux convertis, dont 6 seulement faisaient leur devoir.

Au nombre de ces nouveaux convertis se trouvaient Jacques Richard et Jean Rouhier, mes ancêtres, demeurant l'un et l'autre au village de Bagnault, le centre de la fabrication et du commerce des minots de la vallée de la Sèvre. Le fils de Jean, Guy Rouhier, vint en 1737 s'établir à Saint-Maixent, où il acquit la charge de procureur de son parrain, Guy Agier. Sa maison est restée la maison de famille, et parmi les objets qui s'y sont conservés se trouvaient des Tables de la loi que mes grands-parents, me disait-on dans mon enfance, avaient toujours soigneusement

conservées et auxquelles s'attachait un sentiment respectueux qui
me frappa vivement. Quand plus tard je cherchai à connaître
l'histoire de cet objet, je ne trouvai plus personne pour satisfaire
ma curiosité ; mais ma conviction intime est que ce sont les Tables
de la loi, autrement dit le Décalogue, du temple d'Exoudun. La
famille Rouhier occupait une situation importante parmi les protestants de cette paroisse, et si le père de Guy se convertit sans
retour à la foi catholique, il en fut autrement de sa sœur Jeanne,
femme de Jean Pelletreau, sieur du Pont, qui abandonna ses
biens au fisc et passa en Angleterre. Un autre membre de la même
famille, Jacques Rouhier, fut pendant quelques années prédicant
en Poitou et en Normandie. (Le pasteur André Migault a donné
sur lui quelques notes biographiques dans le *Bull. du prot.*, 1894,
p. 147.) Enfin Pierre Boulays de Monteru, dont nous venons de
publier la dragonnade, était l'oncle de ce Guy Rouhier, mon
bisaïeul. C'est à ce dernier, comme l'aîné de la famille, que passèrent les papiers et autres objets qui n'entrent pas dans les par-
tages, et c'est ainsi que nous nous expliquons la présence entre
ses mains de ces Tables de la loi qui, lors de la démolition du
temple, durent être dérobées et cachées par des personnes zélées,
ainsi qu'il est arrivé en maintes occasions semblables.

Ces Tables sont peintes sur trois planches de noyer, avec lettres
de couleur bistre sur fond noir ; le tableau, avec son cadre mou-
luré, qui est aussi noir, a 1^m 08 c. de hauteur sur 0.89 c. de largeur. Le texte des Tables comparé avec celui qui se trouve en
tête d'un petit livre de l'époque : *Les Pseavmes de David, Mis en
rime Françoise par Clement Marot et Theodore de Beze. A S.
Maixant. Par François Mathé. M.DC.LXIX* (de notre collection),
présente ces quelques variantes : *Tables*, préface, ligne 1, l'Éter-
nel ; *Pseavmes*, le Seigneur ; — *Tables*, II, ligne 5, devant elles ;
Pseavmes, devant icelles ; — *Tables*, IV, ligne 11, au septiesme ;
Pseavmes, le septième ; — *Tables*, X, ligne 2, tu ne convoiteras
point la femme de ton prochain ; *Pseavmes*, ny sa femme. (Voy.
l'héliogravure ci-jointe.)

LES DIX COMMANDEMENS DE LA LOY DE DIEV

PREMIERE TABLE

PREFACE

ECOVTE ISRAEL IE SVIS LE TER
NEL TON DIEV QVI TAI RETIRE DV
PAIS DE GIPTE DE LA MAISON DE
SERVITVDE **I**
TV NAVRAS POINT DAVTRES DIEVX DE
VANT MA FACE

II

TV NE TE FERAS IMAGE TAILLEE NI RESSEM
BLANCE AVCVNE DES CHOSES QVI SONT LA HAVT
ES CIEVX NI CI BAS EN LA TERRE NI ES EAVX DES
SOVS LA TERRE TV NE TE PROSTERNERAS POINT
DEVANT ELLES E NE LES SERVIRAS CAR IE SVIS LE
TERNEL TON DIEV LE DIEV FORT QVI EST IALOVX
PVNISSANT LINIQVITE DES PERES SVR LES ENFANS
EN LA TROISIEME E QVATRIEME GENERATION DE
CEVX QVI ME HAISSENT E FAISANT MISERICORDE
EN MILLE GENERATION A CEVX QVI MAIMENT
E A CEVX QVI GARDENT MES COMMANDEMENS

III

TV NE PREN DRAS POINT LE NOM DE LE TER
NEL TON DIEV EN VAIN CAR LE TERNEL
NE TIENDRA POINT POVR INNOCENT CELVI
QVI AVRA PRIS SON NOM EN VAIN

IIII

AIE SOVVE NANCE DV IOVR DV REPOS
POVR LE SANTIFIER SIX IOVRS TV TRA
VAILLERAS E FERAS TOVTE TON OEVVRE
MAIS LE SEPTIEME IOVR EST LE REPOS DE LE
TERNEL TON DIEV TV NE FERAS AVCVNE OEV
VRE EN ICELVI TOI NI TON FILS NI TA FILLE NI TON
SERVITEVR NI TA SERVANTE NI ON BESTAIL NI
TON ESTRANGER QVI EST DEDANS TES PORTES CAR
EN SIX IOVRS LE TERNEL A FAIT LES CIEVX E LA TERRE
E LA MER E TOVT CE QVI EST EN ICEVX E SEST REPOSE
AV SEPTIEME IOVR E POVRTANT LE TERNEL A BENI
LE IOVR DV REPOS E LA SANCTIFIE

SECONDE TABLE

V

HONORE TON PERE E TA MERE AFIN
QVE TES IOVRS SOIENT PROLONGES SVR LA
TERRE LA QVELLE LE TERNEL TON DIEV TE DONNE

VI

TV NE TVERAS POINT

VII

TV NE PAILLARDERAS POINT

VIII

TV NE DEROBERAS POINT

IX

TV NE DIRAS POINT FAVX
TEMOIGNAGE CONTRE TON PROCHAIN

X

TV NE CONVOITERAS POINT
LA MAISON DE TON PROCHAIN TV NE CONVOI
TERAS POINT LA FEMME DE TON PROCHAIN NI SON
SERVITEVR NI SA SERVANTE NI SON BOEVF NI SON
ASNE NI AVCVNE CHOSE QVI SOIT A TON PROCHAIN

LE SOMMAIRE DE TOVTE LA LOY SELON QVIL EST
ESCRIT DANS S. MATTHIEV CHAPITRE 22 VERSET 37

TV AIMERAS LE SEIGNEVR TON DIEV
DE TOVT TON COEVR E DE TOVTE TON AME
E DE TOVTE TA PENSEE CETTVI CI EST LE
PREMIER E LE GRAND COMMANDEMENT
E LE SECOND SEMBLABLE A I CE LVI EST

TV AIMERAS TON PROCHAIN COMME
TOI MESME DE CES DEVX COMMANDEMENS
DEPENDENT TOVTE LA LOY E LES
PROPHETES

Gente Poitevin'rie.

LA DOLEONCE D'IN HVGVENOT

sur le pidou estat de lou Tomple.

RERE en Christ ne son pris, la meuché est dé-
[couverte,
Le conseil a juré pre le vray noutre perte,
Gle d'abbattant pretout oveque passion,
Nou Préche condoné ma sons remission :
Lez chemin sont cousu de Soudars & Iondarme
Qui nous glassant le cœur de lou rudes allarme :
Lés Poulet qu'in Buzard tént qu'auque part caché
Ne sont Poen bonne-gens si fort effouresché,
Queme o sont à presont lés pouvre jon do Présche,
Iamois n'avian veu de sason si revésche,
D'aussitou que qu'auquin vaut foire le zelé
Dés l'houre glest grippé pu mis à la celé (1),

(1) Mettre à la celie signifie mettre à l'abri ; dans le cas présent, cette expression veut dire mettre à l'ombre, mettre en prison.

3*

O ne faut poen parlé de foüis de la Iustice,
D'atteni de pas ein ny grace ny service,
Tou lés pu haut huppé de la Religion
Nousriant avé foit la mandre question :
Allé vous en parlé pre veire à la volée,
Dire pre cas d'hazard qu'auque sotte goulée,
Do gens vous aguiestant queme ein chat la sourit,
Qui sans foire semblont zou mettant tout préscrit,
Et dons ein viremoen (1) s'en vant conté l'Histoêre,
Quemantant pre le moen de meté le mimoire,
Faut quiu que gle peusant aupré de l'Intendont,
Pre vous foire baillé ben sarré sus lés dont ;
Que tu nou couste bon noutre derré Synode (2)!
Que tu fu fagotté dine méchonte mode,
Olat trot paréguiu dans mé tez beas écrit,
Que pas ein de nous gens n'auet le S. Esprit !
O sçauont Amirault (3) qui nous serué de mire ;

(1) En un tour de main, en rien de temps.

(2) On aurait pu croire que ce dernier synode est l'Assemblée générale des églises réformées de France, réunie à Loudun le 10 novembre 1659 ; mais quelques lignes plus bas on voit qu'il s'agit du synode provincial tenu à Lusignan en 1666. Les actes de cette assemblée sont perdus et on n'a d'autre connaissance des résolutions qui y furent prises que par ce qu'en rapportent cette « doleonce » et un arrêt du Conseil d'Etat du 5 octobre 1666, pris en conséquence de ces résolutions et qui défendait aux protestants de faire des assemblées pour prières et autres exercices ailleurs que dans leurs temples (Filleau, *Décisions*, p. 425).

(3) Moïse Amyraut, célèbre théologien protestant, qui s'était appliqué toute sa vie à faire prévaloir une unité de doctrine dans

Seigneur Pere Eternel qui te trouuan à dire,
Noutre Religion s'en voit au grand galot,
Devenis tout à ren queme la femme à Lot!
Apregle à veuë d'œil monque de boune téste,
Et vequi le sougit de toute nou tompéste.
Auant quio l'arresté qu'on fit à Lezegnen (1),
Pas ein nou diset mout, n'estian én recén.
Pretout nou bon Pastou & lés veil et les jenne,
Preschiant à gogo & l'on faset la Cene,
O l'est vray quo glauet qu'auque brut & refrén,
Prabbattre nou Voissea, ma quiuqui n'estet rén !
Que cinq ou six broüillon nou causant de rauage,
Iamois ne sarian reparé quio demage,
Gle creyiant déja veire courre ein raboy,
D'Escossois, Mirlandois (2) & d'Anglois dons quiet poy,
Qui nou moentendriant de contre lés Papistre,
Et Friant hautemont ragné tou lés Ministre,
O l'est vray que quié gens zou auiant premis,
Et quo sret foit itau maugré nous ennemis,
Nou douñiant encor ine forte assuronce,

l'église réformée, et qui en même temps s'était toujours montré un chaud partisan de la souveraineté royale. Son influence avait beaucoup contribué à maintenir le calme dont jouissaient les protestants depuis Richelieu; il venait de mourir à Saumur, le 8 janvier 1664.

(1) Lusignan.

(2) Cette forme insolite du nom des Irlandais a été produite par la simple adjonction, en tête du mot, de la lettre euphonique M.

Que narian do Présche én tou lés leut de Fronce,
Que l'on nou receuret dons tretou lez Estat
Estronge, fort banny (1), brave gens, apostat,
Qui peurian aué do Charge & dos Office
Au Finonce & Conseil & dons mé la Iustice,
Maquo voit autremont nan receguiu l'affron,
Nostant tout le pouvey do lengue de piron (2) !
Comben de fé déja nou lanteil (3) baillé belle,
Vous en sevento poen do Comp de la Rochelle
Quand le Duc Bouquinquont venguit se Pavoné,
Oveque force gens bontré qui son bea né !
Hela que nous fit-eil ren que mengé nou crouste, .
Nou dôné qu'auque espoye, prou de fatigue et couste,
Mettre lés Rocheley dons ein si triste estat,
Que gne soguirant pu sousteni de combat (4).

(1) Le mot forbanni, employé dans quelques Coutumes, s'appli-
quait aux individus exilés, bannis d'une province ou du royaume
par autorité de justice.

(2) Les oisons, autrement dit les pirons, en allant au pacage ou
groupés ensemble, poussent de petits gloussements continus qui
n'ont aucune signification ; par analogie on peut dire que tout
langage sans valeur, sans importance, est un langage de piron.

(3) Pour comprendre le sens de ce mot, ainsi que celui d'un
grand nombre d'autres termes de cette pièce dont l'orthographe
est absolument fantaisiste, il est indispensable de les prononcer
à haute voix, méthode qui, dans le cas présent, donne l'ant-eil,
c'est-à-dire l'ont-ils.

(4) Les souvenirs du siège de la Rochelle étaient encore très
vivants, et l'inanité des efforts du duc de Buckingham et des
promesses des Anglais pour venir en aide aux Réformés ne pouvait qu'éloigner les gens sensés de leur adresser un nouvel appel.

Prequesto donc quo faut se fié dons lés force,
De quié barragoüin chestive lengue torce,
Qui nant pas de raison mois que dos animau,
Ēt jamois ne nous ant apporté que do mau,
Solestet qui fussan tretou de mesme donse,
D'ine Fé, d'ine Lé, de somblable creonce,
A la bonne houre encor quiu sret à predouné,
Et fedret lesché qui le monde bourdouné,
O gnaret pas o moen si me somble à redire,
Et l'on ne trouret ja que le cas fust si pire :
Ma do gens qui vous ant tout ine legion
De faux enseignemont & de Religion,
Lés ein sont do Tromblou (1), lés autre Anabap-
                                        [tiste,

Quietecy Puriten, quiellequi Donatiste
Endepandont, Vaudois, Iacobite Arrien,
Et le pu grond soula de fronc Lutharien,
O regardé souplay qu'au diamire (2) d'engeonce,
Si l'on peut bonnemont prendre en zeo confionce,
Sans nous consideré, glavant foit lous accord,
Et quiu fasant tombé dessu nou tout le tort !
Que tu nou couste bon encore ein cot Synode,
Que toguisse esté foit deuers les antipode,

---

(1) Les Trembleurs sont plus communément connus sous le nom de Quakers.

(2) Ce mot est identique à celui de diamourie que l'on trouve dans la *Gente Poitevin'rie*, éd. de 1660, p. 9, et auquel le Glossaire de Favré donne le sens de diablerie, méchanceté.

Ou ben que l'on n'oguit jamois parlé de té,
De tou tés sot prepou ny de tez arresté,
Trot de gens premé nou auant voix au chapitre,
Et n'en laissan allé beacot à nou Ministre,
Si n'oguissan sumis quiellé qui sont cassé !
Hela n'arian ja esté tont tracassé :
Car toute lou chonson & lou pu fine gamme,
Portet tous lés oncen de poussé à la rame (1),
Pre lés foire presché à bon ou mauoit gré,
Pre lés Boy, pre lés Chomp, pre lés Veigne & lés
[Pré,

Si gle premettiant foire tont de courvée,
Pansau que gloguissant ine foén éndevée
De la devotion & do salut do jon,
Tout quiuqui n'estet rén que pravé de largeon,
Tontia pretout poen ine ruse & malice,
Ine ardou de gogné, ine pure avarice,
Et pre se conserué trejou lou pension,
Ponsée d'interest maudites action,
Pre nous entreteni dedons noutre creonce,
Et la foire fleuri pre tou lés coing de Fronce,
Iamois o ne felet mettre do Saveté,
Proncen (2) ny surveillont, Sargé ny Bouneté,

(1) Ce proverbe se dit quand on s'applique à un travail fort pénible, par allusion aux marins qui étaient fréquemment obligés de ramer pour faire avancer leurs navires, ou mieux encore aux forçats enchaînés sur les galères.

(2) Orthographe bien défectueuse, où il est de prime abord difficile de reconnaître ces deux mots : « pour ancien ».

Ny Mercé, ny Pégnou (1), ny Pallot de Village (2),
Ou monde queme quiu qui vou sont le ragage (3),
Bon pre de grou Marchond & de bons Avocas
Qui sçavant queme o faut parlé de tou lés cas,
Que l'on naret ja foit ine si grond beveuë,
Lez gens sage & recis portant pretout lou veuë,
Mœnageant finemont quiu que glavant én moen,
Et sutout si gle sont veillé pre do témoén.
FRERE Ponsié vou que Monsu MESONCHERE (4)

(1) A la fin du xviie siècle, l'industrie de la fabrication des étoffes de laine communes employait beaucoup de bras dans les campagnes; on y trouvait des sergiers, des bonnetiers, des peigneurs de laine et des cardeurs; ces artisans, n'ayant pas toujours suffisamment de travail de leur métier, cultivaient aussi la terre. Telle était encore, il y a quelques années, dans nos campagnes du Poitou, la situation des tisserands de toile et de laine; mais les progrès de la grande industrie les ont forcés chaque jour à abandonner leurs métiers et conséquemment à quitter leurs villages. En 1698, on comptait dans la paroisse d'Exoudun quarante laboureurs et trente artisans. Foucault dit dans ses Mémoires (p. 174) que c'est par les cardeurs de laine que le calvinisme a commencé en France; ce fait expliquerait sa propagation rapide dans les bourgs et villages de la partie du Poitou où était pratiqué le tissage de la laine.

(2) Le Roux, dans son *Dictionnaire comique*, nous apprend qu'un pallot est un sot, un rustre, un homme ignorant.

(3) Le *Glossaire poitevin* de l'abbé Lalanne donne à ce mot le sens d'homme ou de femme de mauvaise vie; mais au xviie siècle il était beaucoup plus accentué : on disait alors ragazze, issu de l'italien ragazzo.

(4) François Mauclerc, sgr de la Muzanchère et de Saint-Philbert du Pont-Charrault, ancien de l'église de la Jaudonnière, député du Poitou au synode d'Alençon en 1637, et chargé d'affaires des

Taisret voutre babeil, le boutret en asrére,
Sons n'avrety le Rey & son Conseil d'en haut,
Quio louvrey est pu fin que tou lés Huguenau,
Gle s'aquemode au temps, gn'est poen grüe ny béste,
Et pute o ly allet de sa chennë (1) de téste,
T'en as porté le foix pouvre Bourg d'Exoudìn (2),
Voure o se sont trouvé quontité de badin
Qui vous ont lourdemont joüé lou presounage,
Aussi glen avant mis qu'auquesin dons la cage
Prapprendre à parlé meil & d'éstre oboyssont
Aux envoyé do Rey le moestre tout poissont,
S'oniavet que zeo dedons quielle repousse (3),

églises de la province, avec Gilbert, ministre de Melle, lors de la vérification de leurs titres en 1665.

(1) Il faut lire chenüe ; le tréma sur l'e indique toujours la présence antérieure de la lettre u, qui devait être prononcée brièvement ; si dans notre texte la lettre n précède l'e, c'est le fait d'une faute typographique.

(2) Exoudun, commune du canton de la Mothe-Saint-Héraye, qui au xviie siècle était une paroisse de l'Election de Saint-Maixent, relevant en partie du Siège royal de cette ville et en partie de celui de Lusignan. Elle était aussi le siège d'un archiprêtré, dans lequel la population protestante a toujours été la plus dense du Poitou. Les possesseurs des principaux fiefs de la paroisse, Boissec, la Croix, la Pérate, Petousse, Loubigné, étaient protestants, aussi n'y comptait-on en 1665 que quelques catholiques. La lettre x dans ce nom d'Exoudun doit se prononcer, suivant la véritable règle grammaticale française, par ss, et l'on dit en patois Essoudin, en adoucissant la lettre u. (Voy. la note 2 de la page 118.)

(3) Le *Dictionnaire de l'anc. langue française* donne au mot repous le sens de bousculade ; repousse est donc l'action de repousser, de chasser, par allusion à la tentative faite par les dames

Qui fussiant puny & portissant l'endousse,
Ma peut-estre ein millé pranture quinze çont,
De gens qui sont au sac tretou vrais innoçont,
Fedrat que gle poyont la debte et folle enchere.
Et tout le defructu (1) d'ine gronde misere,
L'on ne saret nombré lés mau quo l'avant foit
Quié malhourou Soudars tigre & demon prefoit,
Quond gle furant semond de mettre à bas le Présche (2),
Iamois Louc affamé prés de charogne frésche,
Ne se jettit dessus queme o firant quié jon,
Quevalié, Fontassin, Capitoesne & Sergeon,
L'on entondet pretout do tire arroche, arroche,
Qui retontissiant queme escot (3) dons la roche,
Et dons ein moen de ren do drin drin prettotau (4),

de la Bonnière et de Régné pour résister aux gens du roi, qu'elles empêchèrent une première fois d'exécuter les décisions de la justice.

(1) Ce mot, qui n'a pas été admis par les dictionnaires de la langue française, avait plusieurs acceptions suivant les cas où on l'employait ; dans ce passage, il signifie dépenses accessoires d'une affaire, lesquelles sont souvent plus importantes que le principal lui-même.

(2) Ce temple avait remplacé celui qui avait été fermé par un arrêt des Grands Jours de Poitiers du 29 novembre 1634. Cet arrêt avait interdit l'exercice de la religion réformée au lieu d'Exoudun et avait ordonné que la grange où se faisait le prêche serait démolie dans la huitaine, tant à cause de l'incommodité de sa situation proche de l'église que parce que les protestants n'avaient aucun droit pour ce faire (Filleau, *Décisions*, p. 244). On voit qu'il n'avait été tenu aucun compte de cet arrêt.

(3) Echo dans les rochers.

(4) Onomatopée qui se prononce aujourd'hui B'rdodo.

Mettirant én moencea quiuverture & portau,
Les muraille à prequiu (1) furant bentou minée,
Tont de rude fasson l'affoire estet menée,
Quiu faset én chaffrais pandont tout quio debat,
Pu fort que lés Sorcé n'en fasant au sabat,
La marmaille criet én haut à pleine téste,
Cassé, brizé, rompé fasant joyouse féste,
La neut queme le iou l'on ne veyet que feut
Dons tretou lés quarté & présque én tou lés leut,
Do niais portiant au fin fey de lou pique
Do latat & do boy queme qu'auque relique,
Dos autre douniant çont mille quolibet,
Cependont que quiecy chontiant le rébet (2),
L'on n'oyet ein quio Bourg autre cas que ririe,
Que prepou de bouffon ny que do gaudirie.
Ein Curé d'alentou brave homme & fort prudont,
S'en venguit demondé à Monsu l'Intendont
La chaire do Pastou quo liauet de reste (3),

(1) Orthographe fautive ; il faut lire apré quiu, c'est-à-dire après cela.

(2) Le roi boit, cri poussé pendant la fête des Rois, lors du tirage de la fève, et par extension employé dans des chansons bachiques.

(3) On voit que l'Intendant de Poitiers accueillit fort mal la requête du bonhomme curé qui était venu lui demander la chaire du temple pour son église ; celui-ci aurait pu lui répondre que ce serait au contraire un spectacle édifiant d'entendre prêcher la vérité du haut de ce siège d'où n'avaient jusqu'alors retenti que les paroles de l'erreur, et il aurait pu ajouter qu'il partageait sur ce point l'opinion de bien de ses confrères qui jugeaient avec raison, qu'au lieu de réduire en miettes la chaire et autres objets mobi-

Glou trouvit si mavoit qu'én maugreont la peste
Dicit vedriau bén presché la verité,
Voure o l'ést quo s'ést dit çont mille fausseté,
Retiré vou Curé plié voutre bagage
Y creyé pre certén quous estié pu sage,
Et pu fit appellé de gronds appellopin (1)
Qui la mirant au feut en mois de çont lopin,
Peuzau (2) ben oyre quiu mes tres cher & bon Frere,
Sans pleuré le malhou de noutre boune mere,
Y n'en peu pus pre mé quiu me durche si fort,
Que mon pu grond souhait est de courre à la mort,
Gle fant encore meil parestre mois lou rage,
Voure gle sont logé set au Bourg ou Village (3) :

liers des temples, comme on le faisait à Exoudun, il aurait été
plus sage de les utiliser. Cette opinion finit par prévaloir, et à
Châtellerault, par exemple, rien ne fut perdu, comme on peut le
constater par le curieux procès-verbal de vente aux enchères des
matériaux du temple de cette ville, faite au profit de l'hôpital au
mois de juin 1685. La plupart du mobilier fut acquis par des
ecclésiastiques ; la charpente fut adjugée au prieur de Saint-Romain
moyennant 450 livres, pour servir à la couverture de son église,
et la chaire, qui était en bois de noyer, avec son marchepied
et la petite fenêtre au-dessous, fut acquise pour les Cordeliers, au
prix de 70 livres (Arch. de la Vienne, C. 852).

(1) Lacombe (*Dict. du vieux langage français*) donne à hap-
pelopin le sens de parasite, d'homme qui cherche à happer un
lopin ou morceau de quelque chose.

(2) Pouvez-vous.

(3) Ce tableau des excès que commettaient les soldats dans les
logements qu'ils occupaient n'est que trop exact, et les scènes qu'il
représente ont duré pendant des siècles, jusqu'au jour où le
gouvernement de Louis XIV s'inquiéta de construire des casernes

Car l'on ne vet iqui que desolation,
Et tout le bén do gens mis à predition,
Le Blé, le Bois, le Vin & toute la pasture,
Sont saugrené (1) pretou queme do baliüre,
L'on ne vet que meurgé de viande & de lard,
De Poule & de Chappon, de Cane & de Canard,
Glen font tont de degas, si grond meurtre & carnage,
Que dans mé tout quio poy glen frant perdre l'esrage,
Huit ou dix chesti chén de ripasse et valet
S'en vont dons ein repas mengé deux çont Poulet,
Quiu sont de vray lebrou do goule insatiable,
Mengeou de pouvre gens, gourmons abominable,
O n'en faut pu parlé le Bourg est roüiné,
Aussi beacot sont foüit qui lant abandonné.
Le Ministre à mon gré fit ine boune affoesre
Que de foire jon fouït, (2) crainte de quauque Histoesre,

dans les principaux centres de garnison. Faire ripaille, tel était l'objectif de beaucoup de militaires, tant soldats qu'officiers, et l'on ne saurait compter le nombre de règlements et d'ordonnances que le pouvoir ou les chefs de troupes prirent pour y obvier. Le paysan, économe par tempérament, voyait avec peine disparaître en quelques jours les provisions amassées par lui pour la subsistance d'une année.

(1) Le verbe saugrener, dont l'usage paraît perdu, est issu du mot de basse latinité *salegare* qui signifie paver ; dans ce vers de la *Doleonce* il semble être un peu détourné de son acception primitive et avoir le sens de répandu à terre, comme le seraient des grains de blé après la batterie, faisant l'office de pavage.

(2) Cette locution est à rapprocher de celle de Jean Nerme qui a été relevée dans les *Deloiremont*, page 60, note 3 ; Jean Fouit, c'est le Monsieur qui se sauve, qui se tire de là.

O ni a ren trejou dans mé tretou lez poen,
Que de sauvé qui peut le moule do prepoen (1),
Glestet fort éschouti à quieu quo dit le monde,
Y vé poy de nou gens qui n'en murmure & gronde,
Glavant tout gavagné son Vin et son Fremont,
L'avenne & tout le Fen de sés Vache et Iemon.
Ein moestre aliboron d'ine plaisonte sorte,
Iuché su le basseil de sa premiere porte,
Visté dons sa grond robe (2), & dons sén hablemont,
Autont que gle peuzet criet incessammont,
Bon vin tout frais precé à deux liards la pinte,
Chez Monsu Priolea (3), venez en cris sons crainte,

(1) Sauver le moule du pourpoint, c'est sauver son corps
(Leroux, *Dict. comique*) ; le pasteur s'était enfui, abandonnant sa
maison qui fut mise au pillage.

(2) La grand'robe, c'est le vêtement de dessus ; dans le pays
de Saint-Maixent, un travailleur des champs, après avoir
quitté ses gilets et sa blouse pour se mettre à son aise, dit, quand
il veut se rhabiller : je vais reprendre mes robes. Dans ce passage,
il est question du vêtement spécial au pasteur, dont le port ne
fut interdit que par l'article VIII de la Déclaration du 1er février
1669, ainsi conçu : « Lesdits ministres ne pourront porter robes ou
soutanes, ni paraître en habit long ailleurs que dans les temples. »

(3) Elisée Prioleau (Prioulea dans le langage populaire),
pasteur d'Exoudun, fils d'autre Elisée Prioleau, sieur de la
Viennerie, pasteur de Niort. Il desservait l'église d'Exoudun, où
il succéda à Jean Vatable, depuis l'année 1649 environ ; après
l'interdiction du culte en 1667, il passa à l'église de la Mothe-
Saint-Héraye. Quand le temple de ce dernier bourg fut à son tour
fermé en 1682, il quitta la province et lors de la Révocation il
sortit de France. Sa famille continua de résider dans le pays, et
son fils mourut en 1743, au sortir d'une assemblée à la Villedé,

Et que pas ein de nou ne vou sege suspect.
Hela quiu n'estet pu la moison de respect,
Ma ben de juremont, de brut & de ravage,
De putén, de volou & d'in vray brigondage.
Chaque iour o si foit quauque conuersion,
Tant prin bon mouvemont que prapprehension,
Iamois n'avian veu en tout quio Poy do Prestre
Qui nou portissiant ein si méchont bissestre (1),
Qui touchissant si fort lez gens de toute parts,
Itau queme o fasant quié pondu de Soudars,
Le Rey ne peuzet pas envoyé dos Apaustre,
Qui soguissiant meil dire lou Patenostre,
Et ben vequi le frut de noutte grond fretén,
De toute nou disasse ! Et chestis ontretén,
Y ne sçay pas pre mé voure o l'estet noutre ésme,
A foire de tau cas & do chouse de mésme :
Nan babeillé que trot tretou tant que ne son,
Et pre vou dire le vray n'avan pas de raison ;
Et si nou nou plaignon o l'est la teste seine,
La ponse, le bouzail & la bedie pleine,
Et si l'on nou faset queme en d'autres ondret,
Lés voure gle chassant à bon ou mavoit dret,
O menace & furou & de grondes empresse,

autrement dit la Villedieu-du-Perron. (Voy. *Bulletin de l'hist. du protest. franç.*, 1894, p. 126, et Lièvre, *Hist. des protestants*, t. III, p. 288 et 305.)

(1) Porter malheur. (Voy. notre édit. des *Œuvres de Jean Drouhet*, 1878, p. 100, note 3.)

Quiellé qui se disant do cousté de la Messe,
Ou si gle mettiant en vonte nou Pastou,
Et le crié pretout à six blanc & deux sou,
Queme ne fasian au tomps jadis aux Prestre,
Que ne garrotian oveque do chevrestre,
Pu te lez triniant dret à l'escorche cu,
Rompli de lou dené, pistole & quarts d'escu,
Et fort cruellement lous oustian la vie (1),
La rage dons le cœur épunaisi (2) d'onvie,
Ma la grace au bon Dieu ne son poen tormonté,
Ne vivan en repou, franchise & liberté,
N'auan pas juque icy veu foire de defonse,
Qui nou tarabutit dans noutre conscionce,
Tous lés Presche do tomps do Rey Henry le Grond,
Sont en fort bon estat, & tenant ben lou rong,
Et le Rey nou premet & nou baille asseuronce
De lés laissé tretou en poix & pationce (3),
Que demondan nou donc, pre ma fé ne sçauan,

(1) Il était habile de faire ce rappel des excès commis par les Gascons en 1562, car il permettait de voir que si dures que fussent les mesures prises par le pouvoir contre les protestants, elles n'approchaient pas des actes dont ils s'étaient rendus coupables au début de la Réforme.

(2) Verbe formé avec le substantif de l'ancien français, punaisie, signifiant puanteur, par allusion à l'odeur infecte des punaises des bois. On dirait encore aujourd'hui dans le langage vulgaire : cet homme est tellement envieux qu'il en est puant.

(3) Allusion au règlement de 1665, qui, selon les agents du pouvoir, n'avait eu d'autre but que de remettre toutes choses dans leur état légal.

Y cré fin fermemont que tretou ne resvan,
Et sreto la raison que ne fussian moestre,
Se moqué do Conseil & de l'envoyé poestre.
Y sçay ben quo ny at qui sont de quiellé himou,
Et pre se moenteni avant oit sgrónd rimou (1),
Qui n'ant poen d'autre fé qu'ine opiniastrise,
De quemondé pre tout & d'avé la moestrise,
Si ne fasian bén, ho qui sçay la chanson
Quo nou fedret chonté de la bonne façon,
Ne segurian do Rey tou do long la creonce,
Marchrian dretemont segond sés reboutronce,
Y cré quo l'est la seule & vray Religion,
Qui parest én tout leut, én chaque region,
Prequésto que nou gens n'avan poen d'autre prosne,
Que l'appellé sons fin la gronde Babilone,
Que pre sur & certen le Pape est l'Ontecrit,
Et que quiuqui se vet pretou dans lés escrit,
Vequito pas disé de grond sage cornette,
Nésto pas se gaudi nou conté do sornette,
Si quiuqui se brasset tau queme glou disont,
O glaret ben tantou mois de çont fé dix ons,
Que l'on ne veiret pus monde, ny jon, ny béste,
Y ne peu pas pre mé mettre quiu dons ma téste,
L'Ontecrit ne véndrat qu'au bout do jugemont,
Qui mettra pretou Poy ein grond déreglemont,
Et ne peurat duré que quauque Poy d'onnée,

(1) Rumeur.

Dieu nou garde de vé tretoute sés menée.
Et prequé dire encor dons lou Préche & Sermon
Que lez Papau sont pis çont fé que lés demon,
Que gladorant do boy, de la carthe & do plastre,
Que jamois o ne fut de si gronds Idolastre,
Y trouue que gnan poen pretout de charité,
Et que gne disant pas ein mout de verité ;
Les Papistre avant bén, o l'est vray dos Image
De toute lez façon & de divers ramage,
Gne les adorant pas ma lou portant hounou,
Et sçavant pre le moen aussi bén queme nou,
Quo n'ést que do papé, do peyre, & tele peinte,
Quo ne faut adoré qu'in seul Dieu oveq crainte,
Qui de ren a tout foit segond son bon plaisir,
Et que n'en n'avan poen dos autre pre cheusis,
Quiuqui n'est pas ben foit de presché le mensonge :
Car quond glou bagoulant le pouvre monde y songe,
Cret quiu que gle disant queme article de fé,
Se raportant do tout à quiellé ben coeffé,
Ou avanteil ein cot fiché dans lou caboche,
O dure osi long-temps queme o foit ine roche,
Pre ma fesche y sé las de tretou lou discou,
Qui me desorinant (1) & me rompant le cou,
Quiu n'est qu'amusemont & de vray prefoit conte,
Fetegoy (2) veyé vou so n'estet pre la honte,

(1) Vulgairement, qui me cassent les oreilles.
(2) Juron dans lequel entre le mot goy qui remplace celui de
Dieu. Pour éviter les punitions qu'encouraient les blasphéma-

3**

Y sçay de brave gens tout ine malle fin,
Qui souhaitriant fort prendre in aultre chemin,
La pupart queneussont toute lou mique maque,
Et si l'on lez presset de tourné lou casaque,
L'on veyret dos Ouvrey foire viste le sau,
Et baillé sur lez Tomple ein feriou assau,
Y vedra que desio noutre bon Rey de Fronce,
En eust foit publié pretout son Ordonnonce :
Car sons foire lés fin veyans nous action,
Et si pas ein de nou a de devotion
A l'houre que ne son assomblé dans nou Tomple,
L'in s'ajustrat lés peo, l'autre frottrat sa Tomple,
L'in regarde au Midy, in aultre le Pounont,
Quiéticy vers le Nort, dos autre le Levont,
Et que vet on lians do pilé do muraille,
Ine huée de Ion qui tont qu'à peut vou braille,
O ça pre voutre fé sons simulation,
Disé me si quiu sont ine Religion,
O n'en faut poen monti quiuqui me somble es-
[tronge,
O m'est avis trejou d'estre dons in gronge,
La Maison do bon Dieu dans le vieil Testamont,

teurs en employant le nom de Dieu dans leurs jurements, des finales de diverses sortes, bleu, chou, goy, furent mises à la suite de certains mots, et c'est ainsi que l'on jurait par vertubleu, vertuchou, vertugoy ; dans le *Rolea*, p. 116, se trouve l'exclamation tèteguy dont la composition est identique à celle des mots ci-dessus.

N'estet poen sons Autel, Image & paremont ;
L'on y veyet sons fin foire do sacrifice,
Et les Ion destiné pre rendre quio l'office,
Estiant accoutré dans de beas hablemont,
Trelusiant queme or dans tou lou vestemont,
Veyans nou queme quiu de tau ceremonie,
Helas ! Ion Calevin les a toute bannie !
A grond poene son nou ein moment de geneil,
Et pu que sçauan nou voure jetté les œil,
Sreto pas ben meilhou de veire la Figure,
D'in Dieu crucifié & mis dons la torture,
De mespris de tormens et de cot asseché,
Pelamor de nou debte & malhurou peché,
Sans doute tout quiuqui nous rendret pideable,
Et nou fret vey comben ne li son redeuable,
Y meur dessu le pé de vivre en Huguenot,
Et su mes derré Iou de courre le Guinot (1) ;
Vedreto pas ben meil estre à plonté do feuve
Que d'allé prié Dieu à mois de quatre leuve (2),

(1) Locution proverbiale qui signifie mendier. Rabelais parle
plusieurs fois des guenaux du cimetière des Innocents à Paris, et
Lacombe donne à ce terme le sens de gueux, mendiant.

(2) Par suite de la fermeture de leur temple, les protestants
d'Exoudun auraient dû se transporter, pour faire l'exercice de
leur culte, au chef-lieu du bailliage dont ils dépendaient, c'est-
à-dire à Lusignan, éloigné d'au moins quatre lieues ; mais dans
l'usage ils se rendaient dans des temples qui étaient plus à leur
convenance, et en particulier à la Mothe-Saint-Héraye, la localité
la plus rapprochée, où ils portaient baptiser leurs enfants. (Livre-
Journal de la famille Bonnet, en ma possession.)

Quiu rafredit beacot ine devotion,
Et foit que l'on n'a pas de satisfaction,
Quiuqui nous ouste tout le plaisis & la ioye,
Me segue qui vedrat me vequi dons la voye,
De me foire Papau pre prendre le vray trin,
Le bon Dieu me moentenge en ein si bon dessein.

FIN.

DÉMOLITION

DU

TEMPLE DE LA MOTHE-S.-HÉRAYE

5 mai 1682

Dans le courant de l'été 1681, une jeune fille de la Mothe-Saint-Héraye, Louise Méhée, servante chez Gaspard Pandin, écuyer, seigneur du Chail, s'était présentée au temple de la Mothe et avait été admise à faire la cène. Louise, après avoir été élevée dans la foi protestante, s'était convertie et avait fait profession de la religion catholique ; mais à la suggestion de sa maîtresse, Anne Brunet, femme de Gaspard Pandin, elle était revenue à sa première croyance. Le cas tombait sous le coup des pénalités de l'édit de juin 1680, et la justice ayant été saisie, Louise Méhée, Gaspard Pandin et sa femme, les deux pasteurs de la Mothe, Benjamin de Chauffepied, sieur de l'Isle, et Elisée Prioleau, ainsi qu'un ancien du consistoire, Pierre Bodin, furent poursuivis à la requête du procureur du roi au siège de Saint-Maixent. Le 26 juillet 1681, les juges rendirent une sentence condamnant Louise Méhée à une amende envers le roi, et à comparaître et se mettre à genoux en la chambre du Conseil pour y être admonestée, reconnaître sa faute et en demander pardon à Dieu, au roi et à justice, avec très expresse inhibition et défense de récidiver ; Pandin et sa femme devaient payer une amende de 150 livres applicables à la réfection de la chapelle de Notre-Dame-de-Grâce-lez-Saint-Maixent, et qui devaient être mises entre les mains du curé de Saint-Léger de cette ville,

3***

pour en arrêter l'emploi d'accord avec le procureur du roi ;
Prioleau fut mis hors de cause, mais Chauffepied, convaincu
d'avoir reçu Louise Méhée à la cène d'accord avec l'ancien Pierre
Bodin, fut déclaré privé pour toujours de faire aucune fonction
de son ministère dans le royaume et l'exercice du culte de la
religion réformée était interdit pour jamais dans le lieu de la
Mothe ; pour cet effet, il était ordonné que le temple serait démoli
dans le mois par la communauté protestante du bourg, que faute
de ce faire, la démolition serait faite à ses frais à la diligence du
procureur du roi, et enfin que jusque-là les portes du temple
resteraient fermées.

Le sieur Isaac Ferruyau, l'un des anciens, et d'autres membres
du consistoire firent appel de cette sentence au parlement de
Paris ; de son côté, le procureur général du Parlement fit appel
à minimâ au sujet de Louise Méhée qui, aux termes de l'édit de
1680, aurait dû être bannie du royaume, et il la fit emprisonner.
Le Parlement admit ce dernier appel, et, par son arrêt du 16
janvier 1682, réformant la sentence du siège royal de Saint-
Maixent, il aggrava considérablement celle rendue primitivement contre l'inculpée, qui fut condamnée « à faire amende
« honorable tant en l'auditoire de Saint-Maixent, séance tenant,
« que devant les principales portes de l'église parrochiale du-
« dit lieu, pieds nus, la corde au cou, ayant en ses mains une
« torche de cire ardente du poids de deux livres, et là étant à
« genoux, dire et déclarer qu'après avoir fait profession de la
« religion catholique, apostolique et romaine, elle a, au mépris
« d'icelle, témérairement et scandaleusement reçu la cène de
« ceux de la religion prétendue réformée dans leur temple, dont
« elle se repent, en demande pardon à Dieu, au roi et à justice ;
« ce fait, bannie à perpétuité du royaume, à elle enjoint de gar-
« der son ban, sous peine de la hart, tous ses biens situés en
« pays de confiscation déclarés acquis et confisqués à qui il
« appartiendra, sur iceux et autres non sujets à confiscation
« préalablement pris 100 livres d'amende envers le roi ». Après
de nombreuses formalités de procédure au sujet de l'appel inter-
jeté par Ferruyau, un arrêt définitif fut rendu le 20 février
1682 ; il émenda sur certains points la sentence du siège royal
de Saint-Maixent, particulièrement en interdisant à ses juges de

condamner à l'avenir les accusés aux dépens lorsqu'il n'y aurait
que le procureur du roi de partie, et il déclara surseoir au sujet
du cas de Chauffepied ; mais sur le fond de la cause, il ordonna
que l'édit du mois de juin 1680 serait exécuté, en conséquence il
interdisait pour jamais l'exercice de la religion réformée dans le
bourg de la Mothe et condamnait Pandin et sa femme à 50 livres
d'amende applicables au pain des pauvres prisonniers de la con-
ciergerie du palais. (Voy. le texte de cet arrêt dans le *Bulletin de la
Société de l'histoire du protestantisme français*, t. V, p. 309-312.)
Cet arrêt fut signifié le 11 mars 1682 à Isaac Ferruyau, et les protestants ne s'étant pas mis en mesure de démolir leur temple
dans le délai d'un mois fixé par la sentence du siège de Saint-
Maixent qui ne fut pas infirmée sur ce point par l'arrêt du Parlement, la démolition se fit, ainsi qu'il était porté, par la main de
justice. Toutefois, pour donner plus de solennité à cet acte et
peut-être afin de paralyser toute résistance possible, le nouvel
Intendant de Poitiers, Lamoignon de Bâville, crut devoir se transporter sur les lieux. Le 28 avril, il se rendit à Saint-Maixent, où
il fit une entrée solennelle aux côtés de Mgr Fortin de la
Hoguette, évêque de Poitiers, et il y fut harangué par MM. du Siège
royal, du Corps de ville et de l'Election (Journal de G. Texier).
Puis, toutes les mesures étant prises, il se rendit le 5 mai à la
Mothe, et en sa présence la démolition commença L'un de ses ho-
quetons, pour témoigner son zèle, s'attaqua à la chaire du ministre
et l'abattit à coups de hache. L'édifice fut complètement rasé et son
emplacement converti en jardin, dans lequel les prédicants tinrent des assemblées en 1719.

DIALOGE SU LA DESTRUCTION DO TOMPLE DE LA MOTHE S. HERAIE,

5 MAI 1682.

Bretaud (1) *surveil. converti & Durand* (2) *surveillont huguen.*

DURAND.

O l'est ben à quiet cot qu'o vat de pis en pis
Si quielez qui soufrant gagnant le Paradis,
Gle srat danc ben pre nous peu qu'on nou presécute
Priqui, prelais, pretot ne san trejou en bute.
La n'étet o poin prou d'auré do legion
Pr'amatini (3) lés geon de la religion?
Son vére aprez quieuqui l'abati de lou tomple
Y sen su ton de mau do doulour sons esomple.

(1) Ce personnage est peut-être le même que Mathurin Ber-
thault, serrurier, dont la femme Suzanne Rossignol est portée
sur le *Rolle des nouveaux convertis de Poitou*, paroisse de la
Mothe-Saint-Héraye, p. 38.

(2) Ce nom, qui en patois se prononce Duron, ne se retrouve
pas sur le rôle des nouveaux convertis.

(3) Dans co passage, le mot amatini répond au verbe français
transformer pris en mauvaise part. (Voy. p. 107, note 1.)

BRETAUD.

Y ne cré pas, Duron, quo set toms de conti
Quieu qui se fat auoure o n'ést que pr'en tati.
Mais t'iras en auon, mais t'aras de malaise,
Itau pre te viri (1) qu'eto que tu biaise?
Sange que le ban Diu t'apele au ban couti,
T'ou queneutras ben tous si te nez degueuti (2).
Quio tomple que te plein est d'ine bele guise
Pre le foire passi pre l'anciene egleise (3) ?

(1) Ce mot, employé ici au figuré, signifié se retourner, changer
de religion. Le même Babu fait dire à un de ses interlocuteurs, au
début de son Eglogue X :

Peusqu'o se fault virer, ó fault ben se virer,
Non pas comme beacot jurer, se prejurer,
Se lier pre serment sur la sainte Evangile,
Peus dès le premer vent quitter tout, foire gile.

(2) Dégoûté.

(3) Jacques de Beaumont, sgr de Bressuire et de la Mothe-Saint-
Héraye, construisit une nouvelle église dans ce lieu vers 1480.
L'ancienne église fut démolie, mais le souvenir en fut conservé
par un ténement et une rue qui en ont jusqu'à aujourd'hui
porté le nom. Or les protestants construisirent leur temple dans
un jardin situé dans la Grand'Rue, ainsi qu'il résulte de l'article
220 de l'aveu de la seigneurie de la Mothe-Saint-Héraye rendu au
roi le 29 novembre 1741 (en ma possession), et où il est dit que
le jardin portant ce numéro, sis rue de l'Ouche, sur la main
gauche en montant de la rue de la Boucherie à la Gourdannière,
touche par le derrière à celui de François Bernard, « où étoit le
temple de la religion prétendue réformée. » La construction de

Helas ! man pouure ami gn'auet pas cinquonte ons (1),
Vetre reforme en at ein petit mais de çons
Mois diabezo (2) s'auat au dessu çon quaronte.
Prequésto danc Duran qu'itau tu te lamonte!
Prine religion foite depeus tra jous?
Plonte la qui vezin & t'en vin queme nou.
Quite quy lés ministre & la préchemontrie (3)
Et vin te metre o rong dos ouaille de trie.
Quiou te que te regrete & que glant rouini
Ne fut jemez bâti pre lez predestini,
A moin que te ne conte au nombre do fidele
Do moine defroqui, do pandars, do ribele,
Car quiez gron mordefoen, quiez grou hapelopin (4),
Pretre, Carme, Augustin, Cordelez, Jacopin,
Qui jetiran dabord lou froc don lés ortige
Et don tou vou ministre auant tiri lou tige

cet édifice dans le quartier de l'ancienne église avait pu faire
donner naissance à une légende en faveur de son ancienneté,
au détriment de l'église catholique, qui vulgairement était toujours dénommée la nouvelle église.

(1) Cette indication est exacte, car il résulte d'un acte cité par
M. Ch. Sauzé (*Le cimetière de la Mothe-Saint-Héray*, 1894, p. 5)
qu'à cette date, les procureurs syndics de l'église réformée de la
Mothe s'occupaient de la construction du temple, lequel ne fut
sans doute élevé qu'au printemps de l'année 1633.

(2) Diable soit-il.

(3) La religion réformée. Ce mot a été souvent employé par
Jean Drouhet. (Voy. *Œuvres*, p. 69, note 1.)

(4) Ce mot se trouve aussi dans le récit de la destruction du
temple d'Exoudun. (Voy. plus haut, p. 91, note 1.)

(Car gron soula sonteil de moine amatini) (1)
Deuranteil ben passi pre do predestini?
Si pralli don le ciel, lon deuet itau viure
O que de geon de ben Diu metret su san liure.

DURAND.

Atu dejà tont pris de l'esprit do papau
Que tu prange plesi de nou dire do mau?
O l'est danc queme quieu, Bretau, que te nous aime,
Quon tétès amusou (2) disez tu ben de meme?

BRETAUD.

O n'est poin damusou qui din esprit rusi
Ne tinge en batelou tot in peuple abusi
Et preuu que glasouche (3) in poi don l'Ecriture
Gle pasrat prin doctou de la vriti pure;
In peignou premi vou, raisonon su la foi,
Crerat entondre meu l'Euangile & la loi

(1) Moines qui ont perdu leur caractère par suite de leur adoption de la nouvelle doctrine; l'auteur emploie irrévérencieusement à leur égard le terme par lequel on a désigné les chiens qui n'ont plus de race, les chiens mâtinés.

(2) Cette appellation nous paraît toute spéciale et doit s'appliquer aux lecteurs qui, avant la venue du ministre, occupaient les fidèles ou encore à ceux qui dirigeaient le chant des psaumes; ce rôle pouvait être parfaitement dévolu à un ancien te qu'avait été Bertaud.

(3) On dirait aujourd'hui « que glanuche », c'est-a-dire qu'il ânonne.

Que quatre cen Dotou qui sant don la Sorbone.
Vequi les sentimon que vetre Eglese done.
Heurou don mile fé dauer quiti quiou rong,
Non igne vedrez pas pre le quart de mon song
Etre incore amusou tont gle sant miserable.
Y deteste sons foin quielez geons malesgable,
Y ne verai jemais pas in dos amusoux
Qui ne dise en mon cœur quo sont dos abusoux,
Y jugerai queme quieu de tretou vou ministre,
Y regardrai vou tomple ouec in œil sinistre,
Et si lon men veut crére auont qu'o set in on
Lon frat defourneillé (1) quielez nic de Saton
Et de tou lez coutez glarant la meme note
Qu'olat ogu quiez jous le tomple de la Mote.

DURAND.

Ha ! ne men parle ja si tez de mez ami,
Y sen ben que man cœur nen srat jemes remi,
Y ny sarez songi quy nen sé tout au role,
Le prelonge men put, le discous men desole.

BRETAUD.

Ma sé tas ben raison, vois, de t'en desoli
Tu deurez ben au moin putou t'en consoli ;

(1) Sorti du four ; ce verbe est aussi très communément employé au figuré pour dire que les petits oiseaux étant en état de voler sont sortis de leur nid.

Peus qu'o lest le chemin pre veni à l'Eglése
San foire tont de sente in chaquin à sa guise.
Ecoute. Si tu veus, y m'en vois tou conti
Pr'ou foire meus comprendre o faut represonti
Quieu qui fit que vou geons ant ogu quiele bote (1).
Tu saras donc, Durond, quine dame huguenote,
(Y ne ten diré ja le non ni la moison)
Acueillit ine feille à gardi sez oison
Et quele feille étet catolique Roumene ;
La Moitrése pansan qu'a pouret ben son pene
Foire viri la feille à sa religion
Ly tint de sot discous pis que contagion
A li premet mreueille, a la dole (2), a la platre (3),
A dit que lé papau sont autan d'idolatre,
Quau nouuea Testamon lon a troüi precrit
Que le pape de Roume est le fran Antecrit
Et mile autre prepou sorti do ministraile,
Si ben qu'en moin de ren quiele pouure quenaile
Se resoudit d'ali au preche aux huguenau,
A fit meme la cene ine quarte auan Nau,
Et queme netre Ré fat de groñde defonce
A tretou lez Pastou qui sont enmi la Fronce
De receure à lour cene autre que lou bercail

---

(1) Ce récit est à rapprocher de celui que contient le texte de
l'arrèt ordonnant la démolition du temple.

(2) Doler est le correspondant patois du verbe français douilleter.

(3) On dit aujourd'hui plâcrer (pl mouillés) ; ce mot a le sens
de flatter, cajoler.

4

A pene que lou tomple en set brisé quem ail
Et quon veze interdit pre tot poez lou ministre
Sitou qu'on eut receu la petite papiste
Le preculou do Ré (1) qui veile su vou geons
En etant aureti ny predit poin de toms
(Chaquin set que glen veut à tote la reforme),
Gle voit, gle vin, glecrit, gle requier & glinforme
Et gle condut lafoire auec tont de segret
Quen moin d'in demi jour gle fat doni decret
Et fat metre en prison quiele pouure petite
Qui vat tot auoüi son qu'on l'en solicite.
Aprez quieu ve vezez lez ministre citi (2)
Pre veni suile fat dire la vriti ;
Gle disan chaquin dious pre se tiri de poene
Que gnant poin remarqui si glan donni la cœne
A d'autre qu'à quielez qui son de lour troupea
Et quo son lez oncen qui donnan lez marea (3)

(1) Ce magistrat si zélé était Hilaire Gogué, sieur de Bois-des-Prés, procureur du roi au siège de Saint-Maixent.

(2) Il y avait alors deux pasteurs à la Mothe : Benjamin de Chauffepied, sieur de l'Isle, et Elisée Prioleau. On peut consulter sur Benj. de Chauffepied le *Dictionnaire des familles de l'ancien Poitou*, par MM. Beauchet-Filleau, nouv. éd., et Lièvre, *Hist. des protestants du Poitou*, t. II, p. 55 ; en ce qui touche Elisée Prioleau, nous renvoyons à ce que nous avons dit plus haut sur sa personne dans une note de la destruction du temple d'Exoudun, page 93.

(3) Les anciens distribuaient aux fidèles qui désiraient participer à la cène des méreaux ou signes de reconnaissance en plomb, afin d'empêcher des personnes étrangères au culte réformé

Queme egeon dos oueille entere queneussonce (1)
Et quitau gn'an ren fat contre lés ordononces.
Lez oncen apelé repondont à lour tour
Tout ce qui pre lour cause est estimé meillour,
Enfin à Sain Moison le jugemon se doune (2)
Ou on epargne in pois la petite presoune
Mas les ministre & tomple ol'est tout intredit.

ou des gens déclarés indignes, de prendre part à cette cérémonie.
L'usage des méreaux s'est continué en Poitou, par tradition, jusqu'au milieu de ce siècle, et M. de Clervaux a raconté dans son
étude sur le méreau des églises du Désert (Saintes, 1869-1870)
dans quelles conditions se faisait, vers 1850, la distribution de
cette « marque » à Gros-Bois, commune de Prailles, de l'ancien
archiprêtré d'Exoudun. On connaît quatre types du méreau de la
Mothe, décrits dans plusieurs ouvrages, et particulièrement dans
celui de M. Gelin, *Le méreau dans les églises réformées de
France (Bull. de la Soc. de stat. des Deux-Sèvres*, 1891, p. 192
et pl. III).

(1) Les ministres, soucieux de conserver le libre exercice de
leur culte, devaient exercer une surveillance active pour que l'on
n'enfreignît pas les édits et ordonnances du roi, si durs et si impi-
toyablement exécutés. Mais, comme il arrive toujours en pareil
cas, ils ont dû se heurter aux agissements de personnes d'un zèle
outré qui, ne voyant que le but à atteindre et ne se préoccupant
pas des conséquences de leurs actes, ont souvent déchaîné sur les
églises protestantes des maux que la prudence de ceux qui en
avaient la direction ne parvenait pas à conjurer.

(2) Les juges des juridictions secondaires ou seigneuriales
étaient à bon droit suspects au pouvoir royal dans les cas de conscience ; aussi la connaissance des causes intéressant les affaires de
la religion protestante leur avait-elle été enlevée et attribuée aux
sièges royaux dans la circonscription desquels ils se trouvaient.
Tel était le cas de la Mothe-Saint-Héraye, justice seigneuriale qui
relevait par appel du siège royal de Saint-Maixent.

DURAND.

Ha ! si queme autre fé la chonure de l'Edit (1)
Etet encore en etre, a nou rendret jutice,
Mas nou geon pre malhour n'exerson pú d'ofice ;
Vequi queme ne son tous les jous acabli
Et dan netre exercice incessamon troubli.

BRETAUD.

Ol est vrai, men ami, ten Eglese est troublie,
Quite don tot de bon quielle fausse assomblie,
Et tén vin à la moesse auec nou prié Dieu.
Quan don quio jugemon à Paris fut sogu
(Car o fau ben, Duron, reprendre netre histoire)
Gly firan apeli les grous do Consistoire
Pre repondre à la Cour de quieu qui s'ést pasi

(1) Les chambres de l'Edit étaient des chambres composées de magistrats mi-parti protestants et catholiques, instituées par les articles XXI à XXV de l'édit de Nantes dans les cours de Parlement, afin de juger en dernier ressort les affaires entre gens des deux religions. Bien qu'on ait modifié postérieurement la composition de la chambre de l'Edit du parlement de Paris, « on lui « conserva ce nom, dit Elie Benoist, afin qu'il fît souvenir ceux « qui la composoient qu'ils étoient les gardiens et les exécuteurs « de l'Edit qui devoit particulièrement leur servir de loy dans « l'administration de la justice » *(Hist. de l'Edit de Nantes*, t. I, p. 276). Louis XIV supprima en 1669 la chambre de l'Edit instituée auprès du parlement de Paris.

Et pre vere apres quieu lez ministre cassi
Et le tomple rasi jequ'à la belle tearre.
Quoquesin, que la poux lez fat tiri en arre,
Disan que ne peusan en troüi le chemin
Et que gne velan poen pati pre le comin,
Si ben quen moin din mois le parlemon prenonce
Nostant tote defonse & replique & reponse
Que le tomple à jemez demourat interdit
Et dons in mois diqui pre lour foire depit
Gle doune in autre arez, qui porte quon l'abate ;
Y ne t'en diré ja ni le mois ni la date,
Y n'enbarasse poin ma memoire pr'youx (1).

DURAND.

Sons doute ol ertet in de quiez jou malhourous
Qui ne se remarquant que pre do malescontre
Et don chaquin deuret euiti la rencontre.

BRETAUD.

Rescontre (2) ou malescontre, i ne ten diri ren

(1) Ce Dialogue a dû être écrit aussitôt après la destruction du
temple, avant même que son auteur ait pu avoir communication
des arrêts du Parlement.
(2) Ce mot semble pris en bonne part par opposition à mal-
encontre et répondrait au sens du terme bon encontre depuis
longtemps tombé en désuétude. (Voy. Godefroy, *Dictionnaire de
l'anc. langue*, au mot Encontre.)

Mas pr'achevi man conte y te raportré ben
Quemon tot se passit quond o venguit l'abatre ;
Le nonbre dos ouvrez etet de sixuin quatre,
Journalez, recouurou, masson & cherpenté
Qui dine tau besegne entendan le meté
Peusque gn'y metiran quine soule journie.

DURAND.

Voure etez y, man Diu ! pre lou bailli l'aunie (1)
O nen felet iqui que tronte queme mé
Pre canardi quiez geons & pre les abismé.

BRETAUD.

Menami, tusse éti dos premez à te rondre
Ou ben tot le premé à te foire iqui pondre.
O nest pas la sason de foire le fendon
Su tot quond on se vet so l'eil d'in Intondon,
D'in Intondon, dizi, le premé de la Fronce
Que le Ré su tretou cheusit pre preferonce
Et lenuoic en Poitou pre soumetre & jugez
Catolique, huguenot, gentiloume & bourgez.
Quiou seignou, vétu ben, est né pre la Jutice,
Glat apris de tot tom à condanni le vice ;

(1) Le Roux dit (*Dict. comique*) qu'en donner tout du long de
l'aune, signifie battre une personne, sans épargne ni ménage-
ment.

La sagesse au breceou li dounit de son lait
Et la trejou condut dépeus quem'a velet,
A le fat ver pretot quem'in de sés miracle,
Dons le conseil do Ré glat passi pr'in oracle,
Chaquin étet raui de quieu que gle diset
Et jemez pasin d'ioux ne le contrediset ;
Faut ou sen étouni ? peusque glat de san père
Le genie éleui, l'esprit dret, l'âme entère,
Et lez autre vretu de quiou grond ornemon
Qui fut l'âme & l'hounour de tot le Parlemon (1).
Tu vé ben quin tau lhome est in home de trie ;
Vais ten donc deuon li foire quoque sotrie ?
Apres quieu te veras quieu que gle frat de té.
Tez hugenos & té vené vesy froté,
Parlé, crié, grondé, meté vou en bataille
Ve verré peus après si quio lhomme est de raille ;
Vé queme glat aigué Bounea(2), Charle (3), Tourtron (4),

(1) Nicolas Lamoignon de Bâville, fils du célèbre premier prési-
dent au Parlement de Paris, avait été nommé Intendant de
Poitiers au mois de janvier 1682, en remplacement de M. de
Marillac.

(2) Jacques Bonneau, sr du Chesne et du Coulombier, avocat
en Parlement, sénéchal du marquisat de la Mothe-Saint-Héraye,
inscrit le premier en tête du Rolle des nouveaux convertis de la
paroisse en 1682, p. 27.

(3) On trouve sur le Rolle des nouveaux convertis, p. 42, les
noms de Pierre Challet (Challot), notaire et greffier de la Mothe-
Saint-Héraye, de sa femme Louise Dardin et de leurs cinq
enfants.

(4) Louis Lévesque, sr de Tourteron, capitaine d'infanterie,
marié à Elisabeth Chamois. Lors de la révocation de l'édit de

Qui de vou mauuiré se firan lez patron ?
Si sreto ben do pis, si ves etié ribelle,
Y ne cré pas pre mé quauquin de vou fidele
Pouguit jemez porti à Roume quiou pechi,
Gle vou fret tretou pondre au miton do marchi.
Glat quio lordre do Ré vois parli de la sorte
Et don in viremœn (1) ta carcasse serat morte.
O vau meus te taisi & vivre en te taison
Que de foire in fau pas qui te sret si neuson,
Peusquin pas si maufat tre prendret à la gorge
Et ty fret mez de mau que de la bale d'orge ;
O n'est pas toms, Duran, de t'alli quarelli,
Tu gognras meus ton poen à mécouti parli.
Lez ouvrez son vengu, fau lez metre en besegne,
Gle fran mez qui din cot, quen tronte don lez vegne.
Ha! quon trauaille ben so l'eil d'in Intondon,
L'in doune in cot de mail (2) au porte de deuon,
L'autre enfonce in panea din gron cot de cougnie,

Nantes, le sr de Tourteron et sa femme se réfugièrent à l'étranger et leurs biens furent confisqués. Leur fille Marie était nouvelle convertie lorsqu'elle se maria le 21 septembre 1682 avec
Louis Fraigneau, sr de Lhoumeau. (E. Lévesque, *Recherches sur
la famille Lévesque de Saint-Maixent et ses alliances.* Saint-
Maixent, 1890, p. 60.

(1) Ce mot est aussi employé dans le récit de la destruction du
temple d'Exoudun. (Voy. page 82, note 1.)

(2) Mot français, mais qui a une signification spéciale en patois
poitevin ; c'est une grosse masse en bois dur dont les fendeurs
de bûches se servent pour faire pénétrer leurs coins dans les
troncs d'arbres.

Quietecy d'in achras que gle tent à pougnie
Se met aprez lez boncs, lez brise queme pot,
Quio de la Sénechale (1) oguit le premé cot ;
L'hoqueton qui cherchet à meus se foire vere
Prend ine hache en moen & monte don la chere (2)
Et d'in leu de respec & de cot de chapea
Glén fat en in clin d'eil in murgez d'ecopea (3).
O le bon cassechère ! o le bon brisecache (4),

1) Suzanne de Lugré, femme du sénéchal Jacques Bonneau.

(2) Le récit de Babu, que l'on doit tenir pour exact, car il émane d'un témoin oculaire, n'est pas sur ce point spécial absolument d'accord avec celui d'un contemporain qui a été souvent cité, et particulièrement par Briquet, dans son *Histoire de Niort*, t. I, p. 394. Guillaume Texier, médecin du roi à Saint-Maixent, dans ses notes manuscrites en forme de journal, aujourd'hui en notre possession, rapporte ceci : « Le 5 dudit mois (de mai) 1682, « l'on a renversé le temple de la Mothe-Saint-Héraye, par arrêt « du Parlement, et Mgr de Bâville, Intendant, a frappé le premier « sur la chaire où prêchait le ministre ». Il y a dans ce pas-/sage une erreur certaine : ce n'est pas l'Intendant, mais seulement son hoqueton qui, par excès de zèle, s'attaqua à la chaire et la mit en morceaux. La renommée, dont Texier est l'écho, exagéra ce fait et attribua à M. de Bâville ce qui n'était que l'œuvre de son serviteur, dont le costume éclatant devait attirer plutôt les regards du peuple que celui de son maître.

(3) On dit communément à Saint-Maixent « des écoupeaux » au lieu de « des copeaux ».

(4) Dans ces mots composés de casse-chère, de brise-cache, comme dans ceux de prêche-menterie, de happe-lopin, que nous avons relevés plus haut, de brise-images que l'on trouvera plus bas, on sent la tradition du xvi⁵ siècle où cette pratique pour la formation de mots nouveaux était si fort en usage.

4*

Glat ben ailloux qu'i cré fat sen aprontisage
Peusque glen fit autont queme glat auoui (1)
A quielle d'Issoudin (2) & quielle de Coüi (3)

(1) Babu n'avait pas signalé dans son récit de la destruction de la chaire du temple d'Exoudun le rôle du hoqueton de l'Intendant, mais puisque celui-ci s'en vantait, on doit l'en croire, bien que le fait se fût passé quinze ans auparavant.

(2) Cette façon usuelle de prononcer le nom d'Exoudun a amené une confusion entre cette localité et la ville d'Issoudun en Berry, à qui les historiens ont souvent donné à tort pour seigneur Raoul de Lusignan, comte d'Eu, plus connu sous le nom de Raoul d'Issoudun. Dans le pays de Saint-Maixent, on dit aussi Essoudin, comme le témoigne cette mélopée que j'ai souvent entendue dans mon enfance et qui accompagnait un jeu destiné à amuser un petit enfant. On le plaçait au sommet du genou croisé et en lui balançant les deux mains en cadence, on chantait :

I vois bé,
Les Aubé,
Batra, Pallu,
Moulin Nu,
La Moute,
La Moute,
Essoudin et Bagnau
Sant Iessus sus ces gronds jhauts.

Des hauteurs qui dominent Saint-Maixent au nord, on peut apercevoir l'emplacement des moulins des Aubiers, de Baptreau, de Pallu et de Moulinneuf ; on devine la Mothe-Saint-Héraye dans le fond de ces vallées, et à l'horizon pointent les petites éminences au pied desquelles sont Exoudun et Bagnault. (Voy. au sujet de la démolition du temple d'Exoudun, la pièce II de ce recueil.)

(3) Couhé, baronnie qui avait été récemment érigée en marquisat en faveur d'Olivier de Saint-George, sous le titre de mar-

Gle merite en quieuqui le pris d'in grond courage
En aquuchont (1) itau lez nic dos brizemage (2) ;
Diu le garde prin autre en ine autre sason.
Cependont lez ouvrez montont su la moison,
La pupar trauaillont à descendre lez teuble
Et d'autre ne songeont quà derobi dos meuble.
Iqui Monsu Brunet, leutenon creminel (3),
Comisoire en l'afoire & juge sons apel,
Visite dos papez qui sant dons ine armoise (4),

quisat de Couhé-Vérac. Le marquis de Vérac était encore protestant ; il abjura le 7 avril 1685. Le temple de Couhé avait été démoli le 11 janvier 1667 en présence de l'Intendant de Poitou, M. de Barentin. (Voy. Lièvre, *Notes sur Couhé et ses environs.* Niort, 1869, p. 67 et 109.)

(1) Le Glossaire de l'abbé Lalanne rapporte le mot acuchai avec la signification de tirer le vin jusqu'à la dernière goutte ; Babu, qui l'emploie au figuré, lui donne le sens de détruire de fond en comble.

(2) Ce surnom de brise-images donné aux protestants rappelle les destructions opérées par leurs bandes au siècle précédent, et particulièrement en 1562.

(3) François Brunet, sr de Lhoumeau, lieutenant criminel au siège royal de Saint-Maixent. Il fut chargé par lettres du roi, en date du 13 janvier 1685, d'assister, conformément à la Déclaration du 21 août 1684, à toutes les réunions de leur consistoire que pourraient tenir les réformés de Cherveux. (Pap. de la Soc. des Arch. du Poitou, fonds de Bernay.)

(4) Ce mot n'est plus guère employé et a été remplacé par ormoire ; on le retrouve avec le sens de guérite dans le dernier couplet de la célèbre chanson patoise :

In jou m'en aubant de Nuville.

Qui pourant ben, crezi (1), quoque jou foire noise,
Car entre autre papez (à quieu qu'o m'a dit Gois) (2)
O sy troüe do letre & do billet d'Anglois (3)
Dont on veut demondi rason au Consistoire.
Iqui son lez greffez ouec lous ecritoare
Qui fant dos inuontoire & metant tot pr'ecrit,
Delois lez fenean, iqui lez geons d'esprit,
Lez fou de quiet couti, diquou lez bobelique (4)
Et glant tous quieu de bon que gle sant catolique
Car pas in hugenot n'abordit dons quio leut ;
Gle fremant lous moison queme s'o l'etet neut.
Gle neutrolant quio jou queme dos sourit chaude
La clarti lous en est amere queme gaudre (5).
Mas qui santou quiez geons lasus qui besochon,
Vet on su les moison & do vegne & do chom ?
Gly vant d'in tau rondon que le brut en éclate :

(1) A ce que je crois.

(2) Sans doute Charles Goy, notaire du marquisat de la Mothe-Saint-Héraye, décédé à la Mothe le 18 février 1708, âgé de 75 ans.

(3) Certains réformés, redoutant de nouvelles persécutions, avaient déjà gagné l'Angleterre et la Hollande ; aussi n'y a-t-il rien d'étonnant à ce que dans les papiers du consistoire on ait rencontré des lettres venant de pays étrangers et dont les auteurs nvitaient leurs coreligionnaires à venir les rejoindre.

(4) Ce mot, assez peu commun et signifiant niais, a encore été employé par Babu dans ce vers de sa XIe églogue, p. 91 :

Gle nous ont donq mené queme do bobelique.

(5) Gaude, plante commune qui sert à teindre en jaune.

O son dos journález qui piardant la late.
Bret vequi tra cheuron qui venant de tonbi ;
Que quio pouure masson a ben fat d'enjonbi
Et de s'alli fouri pre desso lez galrie,
Glertet ben pris quio cot ; vezez de quau furie
Gle fasant degreni (1) & lez peare & lez boés.
Man Diu ! le sot endret s'ol en est dons le poés.
Outon nou de cions (2), sortans defors pre vere,
N'arans pas pous au moen d'etre amouy do peare (3).

DURAND.

T'en a prou dit, Bretau, ne sra tu jemez sou,
L'on diret à te ver mordre dons quio discou
Que tez incor preson à ver quio batelage.

BRETAUD.

Peusque t'ou nome itau, de ma part y mengage
A t'in douni, Duron, le plesi jequau bout,
Set batelage ou farce, en deux mout i di tout.
Y zi vi dos ouurez pre le moen dis o doze
Secoüi lou prepoen, tot grousillant de piose.

(1) Desgrener dans le *Dictionnaire* de Godefroy est cité avec le sens de dissiper, émietter : dans le cas présent, ce mot veut dire dégringoler comme du grain que l'on vanne.
(2) Céans.
(3) Participe du verbe amovoir, signifiant, dans ce passage, atteint, frappé par des pierres.

Qui faset arii lion quio vremeni ?
Portet on dons quio leu d'itau grane à seni ?
D'y vere do luma, dos achet, do cheneille,
Do loche & do punese, ó n'etet poen mreueille
Peusque le leu ertet tot prope pre quieuqui,
Mas de vere assari tont de piose iqui
Qu'on en troüet dos nic dons lez creu do filere
Et qui groüilliant pretot queme do fremigere
Y nen sarez jemez troüi dautre raison
Qu'en dison que vou geons en guitant lou moison
(Depeusque le troupea se voit en quoque presse
Et qu'in si gron soula sant viri de la moesse)
Pre foire ver lou zele en in si gron combat
Ant meni de chez youx au préche jequ'au chat,
Vequi doure o venant quielez negre vremine
Qui sautant au jabot & courant su l'echine
De quielez pouure geon que ne vezon grati
Et contre qui pas in ne veut s'ali froti.
Nostan glauangean ben aprez quielez muraile
Et pre si pois de toms que chaquin diou travaile
Gle montran lou besegne & quio gron batimon
Tot razibu la teare & jequ'au fondemon
Glauan meme abatu lez porte de la rüe ;
Gle s'ocupant auoure aux aisse qu'on remue,
Enfin gle se tuant à foire de lou meil ;
Guillon le precoulou (1) lou donne do reueil ;

(1) Pierre Guillon, procureur fiscal de la châtellenie de la
Mothe-Saint-Héraye.

On lés vet deux à deux porti su lous échine
Lez cheuron, lez solas, lez traverse & lez trine ;
Auquin dious fant rangi chaque chouse en son lot ;
Tot se transporte enfin au logis de Challot (1).
Jeudi le comisoire (2) en vendra foire vondre,
Si t'en veu acheti tu n'aras qu'a ty rondre,
Tu veras qu'on a mis le tomple tout à plat,
Queme on met in chiron en cherchon do lumat.
Vois t'en su quio chiron chonti Marot & Baize (3)
En atenont qu'in jou, pre conble de malaize,
Te vesra souprimi ministre & preposon ;
Quieuqui pouret ben etre auon quo set deux on.
Le Ré lez frat tretou cassi queme bea veare (4)
Et si tu lez veil oire, o srat hors dè sez teare.

(1) Dans le *Rolle des nouveaux convertis,* p. 44, on trouve un Pierre Chaillot ; la maison dont il est ici question pourrait être la sienne ou celle du notaire Pierre Challot, dont nous avons parlé plus haut, p. 115, note 3.

(2) C'est le lieutenant criminel Brunet qui, comme il est dit plus haut, était commissaire en l'affaire et juge sans appel.

(3) Dans leurs assemblées, les protestants chantaient les psaumes mis en vers par Clément Marot et Théodore de Bèze. Les imprimeurs Philippe Bureau et François Mathé, à Niort et le dernier aussi à Saint-Maixent, en donnèrent à cette époque plusieurs éditions.

(4) L'idée que toutes les mesures de rigueur prises depuis quelque temps contre les protestants n'étaient que des actes précurseurs de la révocation de l'édit de Nantes, hantait tous les esprits ; Babu s'en fait l'interprète et croit pouvoir prédire que l'événement arrivera avant qu'il soit deux ans ; il ne se trompait que d'un an, l'édit portant révocation de celui de Nantes ayant été rendu au mois d'octobre 1685.

DURAND.

Quicu sret ben le moen de foire tout viri,
Car si lon n'auet pus de geon pre deuiri
Ét quon ne vist jemez ni ministre ni tomple,
Tot iret à la moesse & sret de ban esomple.

FOIN.

DÉMOLITION

DU

TEMPLE DE SAINT-MAIXENT

17 avril 1685.

L'interprétation excessive donnée par le Parlement à l'édit de juin 1680 dans l'affaire de Louise Méhée devait amener à bref délai la fermeture de tous les temples protestants du Poitou. Ces opérations furent grandement facilitées par l'exécution d'une mesure particulière à notre province, qui consista à dresser l'état de tous les protestants qui, en 1681, à la suite de suggestions de toutes sortes, et surtout sous la contrainte des garnisons militaires, avaient renoncé à leur religion. Le 17 juin 1682, fut rendu un arrêt du Conseil d'État portant que le roi, informé « que plu-« sieurs ministres et anciens de la religion prétendue réformée de « la province de Poitou continuent les diligences qu'ils ont faites « depuis quelques mois pour séduire les nouveaux convertis de « ladite province et les porter à retourner aux temples », et vou-lant empêcher la continuation de ces abus, ordonne qu'à la di-ligence de l'Intendant de Poitou il soit signifié « à chacun des « ministres et consistoires des temples une liste des noms de ceux « qui avaient accoutumé de fréquenter lesdits temples et qui se « sont convertis à la religion catholique », auxquels ministres et consistoires le roi défend très expressément de souffrir qu'à l'ave-nir ceux dénommés dans ces listes entrent dans les temples et assistent à aucun des exercices de la religion réformée, à peine pour les ministres d'interdiction, et de la démolition des temples dans lesquels il aurait été contrevenu audit arrêt; la poursuite de ces contraventions était en outre réservée à l'Intendant, qui porterait les affaires devant tel siège royal de son département qui serait à sa convenance, dont il présiderait l'audience et qui rendrait un jugement en dernier ressort.

L'Intendant, M. de Bâville, se mit rapidement en mesure d'exécuter l'arrêt du Conseil. Il fit imprimer un gros volume in-4° à deux colonnes, sans nom d'imprimeur ni lieu d'impression, et qui porte simplement ce titre : *Rolle des nouveaux convertis de Poitou à la foy catholique, apostolique et romaine*. L'exemplaire qui fait partie de notre collection comprend deux parties, l'une de 228, l'autre de 191 pages pour le seul diocèse de Poitiers, la dernière terminée par une déclaration d'Hardouin Fortin de la Hoguette, évêque de Poitiers, en date du 12 juillet 1682, attestant que ce rôle, dressé par archiprêtrés, contient les noms de tous les nouveaux convertis de son diocèse depuis le mois de février 1681 jusqu'à la date précitée. Il se continue par le rôle des nouveaux convertis du diocèse de Limoges, arrêté le 12 juin 1682, allant de la page 192 à la page 196; par celui du diocèse de Luçon, daté du 17 juillet (pages 197-211), et par celui du diocèse de Saintes, qui ne contient que la page 212 et ne porte pas la signature de l'évêque. Le rôle du diocèse de la Rochelle, daté du 28 juillet 1682, est folioté à nouveau et contient 50 pages; il en est pareillement d'un *Rolle des nouveaux convertis de Poitou à la foy catholique, apostolique et romaine depuis le 1er mars 1682*, contenu dans 10 pages, qui suivent les précédentes, soit un ensemble de 590 pages à deux colonnes, contenant environ 38,000 noms. A la suite du dernier rôle, formant les pages 11 à 14, furent imprimés l'arrêt du Conseil du 17 juin 1682, la commission du roi à l'Intendant en date du même jour, l'ordonnance de l'Intendant du 1er août suivant, pour qu'il soit procédé à l'affichage de l'arrêt et de la commission, avec mandement aux sergents royaux pour leur exécution, et enfin une formule en blanc d'exploit à l'usage de ces sergents pour en faire la signification aux ministres, anciens des consistoires et autres personnes qu'ils pourraient intéresser.

On comprend que, munis de cette pièce, il était aisé aux magistrats ou aux agents de l'Intendant de se rendre compte des contraventions qui pouvaient être commises; il suffisait qu'une des

personnes inscrites sur ces listes, parmi lesquelles on trouve
beaucoup d'enfants, eût assisté à une assemblée dans un temple
pour attirer sur celui-ci toutes les rigueurs de la loi. Le zèle
religieux, qu'il n'était pas toujours facile aux pasteurs et aux
anciens des consistoires de pouvoir modérer, et sans doute quelquefois des menées coupables, devaient amener des violations
des édits ; successivement les temples disparurent, et il n'y en
avait plus d'ouverts dans la région de Saint-Maixent, quand fut
promulgué l'édit qui révoquait celui de Nantes. Six mois auparavant, un jugement en dernier ressort et sans appel, rendu le
5 avril 1685 par l'Intendant de Bâville, avait ordonné que le
temple de Saint-Maixent serait démoli par les protestants dans
quinzaine, sinon, le temps passé, qu'il serait procédé à sa démolition à leurs frais et que les matériaux en provenant seraient
vendus pour être employés de préférence au paiement des ouvriers
qui auraient procédé à cette opération ; il portait en outre que
les ministres Melin et Paumier seraient interdits à toujours de
leurs fonctions et leur infligeait à chacun une amende de 150 livres
envers le roi. Ces pénalités étaient la conséquence de la condam-
nation qui frappait, conformément à l'arrêt du Conseil du 17 juin
1682, deux nouveaux convertis, François Constant, praticien, et
Jacquette Chartier, femme de Georges Barrault ; tous les deux
furent convaincus d'avoir assisté dans le temple de Saint-Maixen^t
aux exercices de la religion réformée et ayant par ce motif
commis le crime de relaps, ils avaient été condamnés aux peines
ordinaires en pareil cas : amende honorable devant la principale
porte de l'église de Notre-Dame de Poitiers, bannissement du
royaume, sous peine de la vie, et amende de 10 livres envers le
roi ; de plus, le mariage de Jacquette Chartier avec Georges
Barrault avait été, par le même jugement, déclaré nul, conformément à l'édit de novembre 1680 qui interdisait toute union
entre catholiques et protestants, et les enfants, s'il en était issu
du mariage, déclarés illégitimes. (Jugement imprimé à Poitiers
par J. Fleuriau, à la Bibl. des Archives dép. des Deux-Sèvres ;
Journal de G. Texier.)

Le même jugement mettait hors de cour Jean Durivault et sa
fille Jeanne, et Louis Moizen, éc., sgr de la Roche-Laugerie, qui,
selon les Mémoires de Foucault (p. 151), disait « qu'il aurait

souhaité endurer le martyre pour sa religion. » Nous ignorons pour quels motifs ils furent amenés à comparaître devant l'Intendant, la sentence rendue par ce dernier étant absolument muette à leur sujet.

Pendant longtemps les protestants tinrent leurs assemblées dans des lieux publics où ils se rassemblaient pour entendre les prêches de leurs ministres et chanter des psaumes. A Saint-Maixent, comme en beaucoup d'autres localités, ils firent ces réunions sous la halle ; toutefois, de très bonne heure, ils résolurent de se construire un bâtiment pour leur usage personnel. Le 21 août 1576, à la suite de la tenue en cette ville d'un synode national, le pasteur, Jean de Launay, et quarante-trois habitants agissant au nom de leurs coreligionnaires, arrentèrent le jardin d'Availle, sis dans la rue de l'Epinaye, pour y faire l'exercice de leur religion : mais les troubles, qui se produisirent peu après et durèrent si longtemps, arrêtèrent l'exécution de ce projet ; le temple ne fut pas construit, et le service religieux continua à se faire en public. De 1590 à 1598, le pasteur Jonas Chaigneau prêcha le dimanche matin sous la grande halle, et le soir et le mercredi sous la halle du minage. Mais dès que l'édit de Nantes eut concédé aux Réformés le droit d'élever des temples dans les lieux où leur culte était pratiqué depuis un certain nombre d'années, trois donations successives, faites par des gentils-hommes des plus considérés de la ville, permirent à ceux de Saint-Maixent de donner satisfaction à leurs désirs. Ce fut d'abord Jacquette Vasselot, veuve de Charles Payen, seigneur de Chauray, qui le 8 décembre 1598 donna à l'église réformée un jardin sis rue Calabre et une écurie y attenante, située dans la rue du Plat-d'Etain. Le 11 février 1599, Jean de Baudéan, seigneur de Parabère, lieutenant général du Haut et du Bas-Poitou, ajouta à cette donation celle de deux maisons, situées l'une rue Calabre, l'autre rue du Plat-d'Etain, et enfin le 15 février Pierre Vasselot, seigneur du Portault, compléta la donation de sa sœur Jacquette par celle d'une petite maison joignant l'écurie de la rue du Plat-d'Etain. Mais la communauté protestante n'avait pas attendu ces deux donations pour se mettre à l'œuvre ; les terrains donnés par Jacquette Vasselot et placés à l'angle des deux rues ayant été trouvés suffisants, on y construisit rapidement un temple, dans lequel le premier prêche se fit le 5 février 1599 et s'y continua pendant trente-cinq ans.

Il avait trois grandes portes, était éclairé par deux grandes fenêtres et dix-huit petites, et enfin il était pourvu d'une cloche.

Lors de la construction de l'édifice, on ne se préoccupa pas de ce qu'il s'élevait sur un terrain situé dans la censive de l'abbaye de Saint-Maixent. A cette époque, celle-ci était possédée par Jean de Harlay de Montglat, qui venait de l'acheter de Jean de Parabère, et dont les successeurs, Sully, Henry de Rohan, appartenant comme eux à la religion réformée, n'eurent garde de s'informer si en agissant ainsi on n'avait pas contrevenu à certains articles de l'édit de Nantes. Mais il n'en fut plus de même quand l'abbaye retourna entre des mains catholiques. L'abbé, Bertrand de Chaux, archevêque de Tours, poursuivit la démolition de l'édifice devant les Grands Jours de Poitiers et obtint gain de cause par un arrêt en date du 10 novembre 1634. Le temple devait être démoli dans huitaine par la communauté protestante ; celle-ci se conforma incontinent à l'arrêt ; le dernier prêche se fit dans l'édifice le dimanche 12 novembre, et le mercredi suivant, 15 du même mois, il eut lieu dans le jardin de la maison noble de Chauray, appelée aujourd'hui le château Chauray, jusqu'au 18 décembre 1636.

La démolition commença le 15 novembre et se poursuivit les jours suivants ; on eut soin de mettre de côté les matériaux pour les employer à une nouvelle construction ; celle-ci ne se fit pas attendre. Afin d'éviter toute difficulté pour l'avenir, les protestants s'adressèrent directement au roi, lui demandant permission de faire rebâtir leur temple dans un lieu commode pour l'exercice de leur religion. Par ses lettres closes du 22 avril 1635, le roi ordonna à l'Intendant de Poitou, M. de Villemontée, de choisir dans un des faubourgs de la ville, conformément à l'article II de la conférence de Nérac, un emplacement propice à l'édification du temple.

L'affaire traîna un peu en longueur, mais enfin le 30 décembre l'Intendant se rendit à Saint-Maixent, et après avoir pris l'avis des principaux officiers de la magistrature, son choix s'arrêta sur un pré, dépendant du logis des Trois-Marchands, sis dans le faubourg Châlon, de 51 toises de longueur et de 24 toises de largeur, et tenant d'un côté au chemin de la Marotière ; puis, pour

laisser à l'édifice une entrée convenable sur la grand'rue du faubourg, on fit l'acquisition de deux petits espaces ayant ensemble
34 toises de longueur. L'Intendant rendit alors son ordonnance,
qui fut approuvée par arrêt du Conseil privé du 11 avril 1636,
permettant de construire le temple sur l'emplacement désigné.

Ces terrains relevaient du fief de Gourville, appartenant
alors à Marie de Vivonne, veuve de Claude Gillier de la Villedieu,
baron de Mauzé, qui, pour sa part contributive dans la construction du temple, renonça ainsi que ses enfants à tous les droits qui
pouvaient leur être dus, tant pour la vente des terrains que pour
leur amortissement.

On se mit promptement à l'œuvre ; les terrains choisis furent
achetés et le 21 et le 23 mai les délégués des protestants de la
ville firent marché avec des entrepreneurs pour la construction de
l'édifice. Il avait 17 toises de longueur sur 10 toises de largeur
et 20 de hauteur. Le surplus du terrain non employé devait servir de cimetière. Il était pourvu de trois grandes portes ouvertes
au milieu de chaque façade et construites avec les pierres de
taille venant de l'ancien édifice, dont on utilisa aussi les ferme-
tures ; une petite porte de service fut aussi réservée sur la façade
du côté du nord. Au-dessus des portes des extrémités est et
ouest, on ouvrit une grande fenêtre ronde de 6 pieds de hauteur
sur 4 de largeur; de chaque côté de celles-ci était une petite fenêtre
pour qui on employa les châssis et les vitres de l'ancien
temple ; du côté du chemin de la Marotière, au midi, fut placée
une galerie en bois pour les gentilshommes, et afin d'éclairer
celle-ci ainsi que l'édifice, on ouvrit 12 fenêtres, six au-dessus et
six au-dessous de la galerie, de 2 pieds au carré, afin d'utiliser
encore les bois et les vitres de l'ancien temple ; enfin, au-dessus de
la petite porte du nord, il y eut une grande fenêtre semblable à
celle des deux autres extrémités, flanquée de deux petites fenêtres
de chaque côté. Il y avait des marches pour entrer dans le temple, et la charpente de celui-ci était supportée par 14 piliers de
bois sur deux rangs ; enfin sur un des côtés fut élevé un dôme en
charpente pour y placer la cloche.

Pour bien marquer le caractère de l'édifice et la part que le
pouvoir y avait pris, les armoiries royales furent sculptées sur ses
portes. Elles furent enlevées le 31 mars 1681 par ordre de

l'Intendant de Marillac, qui semblait vouloir indiquer par cet acte que l'immunité dont il avait joui jusque-là lui était retirée. (Journal de G. Texier.) Et de fait, il dut peu après disparaître en conséquence du jugement de l'Intendant du 5 avril 1685.

Comme d'ordinaire, la sentence laissait aux intéressés la faculté de démolir eux-mêmes leur temple, leur donnant pour cet objet un délai de quinzaine ; en général les communautés protestantes ne profitèrent pas de cette latitude. Il n'en fut pas ainsi à Saint-Maixent et le 14 avril, quarante-cinq des principaux membres de l'église, parmi lesquels on comptait trois gentilshommes, Louis Du Fay, sgr de la Taillée, Charles Janvre, sgr de Lestortière, et Daniel Janvre, sgr de Lussay, se réunirent à l'Hôtel de Ville devant le maire Paul Pavin, et à la pluralité des voix décidèrent de procéder eux-mêmes à la démolition de l'édifice ; ils nommèrent en outre douze d'entre eux comme commissaires à cet effet. L'opération commença le 17 et le 30 du même mois le maire se rendit dans le faubourg Châlon ; il constata que le temple avait été entière-ment démoli, y compris les fondements, que la cloche avait été emportée avec partie des matériaux, et que le restant de ceux-ci se trouvait encore sur les lieux.

Conformément à l'arrêt du Conseil qui leur interdisait de faire leur demeure à moins de 6 lieues de l'endroit où l'exercice de leur culte aurait été interdit, les pasteurs n'avaient pas assisté à l'assemblée du 14 avril ; ils étaient alors au nombre de deux, François Melin et Pierre Paumier. L'église réformée de Saint-Maixent était, selon le *Mémoire des Ministres qui sont sortis de la province de Poitou en 1685 (Bull. de l'hist. du prot. franç.*, 1894, p. 127), une des plus considérables du royaume. Elle était ordi-nairement desservie par trois pasteurs ; mais l'un d'eux, René de Médicis, était mort en 1682, et ne semble pas avoir été remplacé. Il appartenait à une famille d'apothicaires de Saint-Maixent, et avait épousé Marie Vinard, qui lui survécut plus de vingt ans ; après la Révocation, celle-ci, surveillée étroitement comme veuve de pasteur, et ne « faisant pas son devoir », fut enfermée dans divers couvents (Lièvre, *Histoire*, p. 318).

François Melin appartenait aussi à une famille de Saint-Maixent ; il fut nommé pasteur de cette ville dès 1654, et s'y maria le 20 février 1656 avec Suzanne Servant, fille de Michel Servant,

avocat, et de Marguerite de Fossa. Il ne chercha pas à échapper
aux conséquences de la révocation de l'édit de Nantes, et se retira
à Amsterdam avec sa femme et ses enfants. Ses biens, dont il
n'avait pas pu se défaire, furent saisis par le fisc le 27 juin
1686 ; parmi eux se trouvait l'emplacement du temple démoli en
1635, qui avait été converti en jardin et dont il avait fait une
dépendance de la maison qu'il possédait dans la rue de la Croix.

Quant à Pierre Paumier, son sort fut tout autre. Fils de Mathieu
Paumier, docteur en droit et juge de la Caune en Languedoc, et
de demoiselle Du Terrail, il vint faire ses études à Saumur, sou-
tint brillamment ses thèses et fut nommé en 1667 pasteur à
Parthenay, où il épousa Louise Chaigneau, fille de David Chaigneau, sieur de Thoiré, lieutenant du prévôt des maréchaux, et
d'Eléonore Poignand. Il resta à Parthenay jusqu'au jour où le
culte y fut interdit, en 1675 ; il fut alors, grâce à l'influence
de M. et de Mᵐᵉ de Cumont, zélés protestants, nommé troi-
sième pasteur de la populeuse église de Saint-Maixent, malgré
la vive opposition de certains des habitants qui voulaient s'en
tenir aux deux anciens, de Médicis et Melin. Très peu de temps
après la Révocation, il apostasia, et l'Intendant Foucault, rappe-
lant à Louvois que c'était le premier ministre du Poitou qui se
fût converti, proposa le 10 novembre 1685 de lui donner une
pension de 600 livres, égale au traitement qu'il touchait quand
il était en charge. Il refusa du reste toutes les compensations qui
lui furent offertes et se consacra pendant longtemps à la conversion de ses anciens coreligionnaires, secondant en cela les
Intendants du Poitou qui le considérèrent toujours beaucoup. Sa
femme, qui s'était convertie en même temps que lui, mourut le
12 février 1695 sans lui laisser d'enfants ; le chagrin qu'il éprouva
de cette mort amena promptement la sienne et il succomba le
premier juin de la même année, à l'âge de 64 ans (Reg. par. de
Saint-Etienne de Poitiers). Sa biographie parut peu après sous ce
titre : *L'heureuse mort de Mᵣ Paumier, ministre converty à la
foy. Recueillie par messire Paul-François Hillairet, prêtre de ce
diocèse, son intime amy. A Poitiers, par Jean Fleuriau, imprimeur ordinaire du roy et de monseigneur l'illustrissime et révé-
rendissime évêque. Avec approbation et permission.* In-8ᵘ de 47 pages
et la permission.

Le petit poème, jusqu'à ce jour introuvable, de Jean Babu nous aurait sûrement renseigné sur les péripéties de la démolition du temple, et peut-être sur la suite qui en advint ; nous n'en connaissons que les quelques détails qui suivent. Le Corps de ville de Saint-Maixent, voulant tirer parti des événements, prit le 24 août de la même année 1685 une délibération par laquelle il sollicitait l'Intendant pour qu'il fît don de l'emplacement du temple aux Pères Capucins, lesquels se plaignaient beaucoup du manque d'eau dans les locaux où ils avaient été établis au commencement du siècle. L'Intendant y acquiesça et le 2 septembre rendit une ordonnance portant que les Capucins pouvaient reconstruire leur couvent au lieu qu'ils désiraient ; mais le terrain fut sans doute trouvé trop restreint et l'affaire en resta là pour le moment. Plus tard les religieux, ayant besoin d'argent, obtinrent du roi, par brevet du 26 octobre 1729, l'autorisation de vendre l'emplacement de l'édifice et le cimetière qui leur avaient été donnés en 1685 (*Bull. de l'hist. du prot. fr.*, t. I, p. 483). Les Cordeliers, autre communauté de la ville, réclamèrent la cloche ; l'Intendant la leur donna ; mais elle n'était pas complète, il lui manquait son battant, et la recherche de celui-ci amena le 16 juillet 1686 la visite du maire dans la maison de Pierre Piet, greffier de la seigneurie d'Aubigny et nouveau converti, sise au faubourg Châlon ; on y retrouva ledit battant avec la plupart des panneaux de vitres, ainsi que le fer et le plomb qui avaient servi à les attacher et qui avaient été enlevés du temple démoli. La cloche enfin complétée fut placée dans le dôme du couvent, et bénie solennellement par le prieur de l'abbaye des Bénédictins le 17 novembre. (Pièces imprimées et manuscrites de ma collection ; Extraits de minutes de notaires de Saint-Maixent ; *Arch. hist. du Poitou*, t. XVIII, p. 417 ; Journal de G. Texier.)

4**

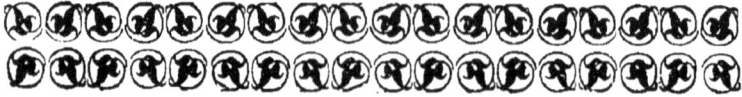

PRÉDICATIONS

L'EMPLACEMENT DES TEMPLES

En 1719

———————◆✕◆———————

Les dernières années du règne de Louis XIV s'étaient passées dans le calme, au point de vue religieux. Les gens les plus en vue de la société protestante, la noblesse, la bourgeoisie, les gros marchands s'étaient tenus cois ; les plus ardents avaient quitté le royaume, les autres, sous l'ombre d'une conversion qui n'avait rien de sincère, évitaient de donner prise sur eux ; selon l'expression admise dans le langage officiel, ils ne faisaient pas leur devoir, et ce fait n'avait généralement, pour la plupart d'entre eux, d'autre conséquence que de les priver de la sépulture dans le cimetière de la paroisse.

Les villes surtout étaient très calmes et les agents du pouvoir ne s'inquiétaient guère des assemblées de dévotion, qui se tenaient sans bruit dans les villages, où quelques prédicants réchauffaient le zèle religieux des gens des campagnes. Ces successeurs des ministres étaient, pour la plupart, de simples paysans, qui, sans connaissances spéciales, entraînés par l'ardeur de leur foi et quelquefois par des motifs d'un ordre moins sérieux, embrassaient, sous le nom de proposants, cette carrière périlleuse. L'un d'eux, du nom de Vinet, a dressé une liste de ces prédicants, de 1696 à 1720, accompagnée d'une courte notice sur chacun d'eux, et qui comprend une trentaine de noms (*Bulletin de l'hist. du prot. franç.*, 1894, p. 130-137).

A cette liste il convient d'ajouter cinq ou six noms que Babu cite dans sa IVe Eglogue, où il indique plusieurs lieux de réunion que ne connut pas Vinet et où il donne la relation d'une assemblée tenue dans la forêt de Lhermitain par « Robine la prêchouse », à laquelle assistèrent plus de 400 personnes :

> Dés la premere neut vous vequy comme a fit.
> A fit chanter d'abort in Psaume de David,
> Peu quemoincit apres pr'ine longe priere :
> Ensuite a nous pr'échit de terrible manere,
> Maudissit les Papistre avec la Papauté,
> A dissit que loux fait n'est que déloyauté,
> Qu'abus, qu'hypocrisie, pure idolatrie,
> Dont le Diable a remply toute nestre Patrie.
> Qu'o felet renoncer à lous Tradition,
> Comme autant de sujet d'abomination.

Mais après la mort de Louis XIV cette tranquillité, à laquelle les esprits semblaient s'habituer, fut interrompue et la persécution que l'on croyait disparue recommença. Elle fut motivée par les agissements de certains prédicants du colloque du Poitou central, spécialement de la région qui s'étend entre Saint-Maixent et Melle. Là, des paroisses entières pratiquaient la religion proscrite, presque sans aucune contrainte, aussi les proposants voyant la foule qui les entourait et s'illusionnant assurément sur ce qui pouvait se passer ailleurs, formèrent le projet hardi de manifester publiquement contre la révocation de l'édit de Nantes et la suppression du culte public protestant, en allant faire leurs prêches sur l'emplacement des temples démolis. Un pasteur, leur contemporain, qualifie judicieusement cette façon d'agir de zèle indiscret, car si l'objet principal de ces réunions était toujours l'idée religieuse, il s'y joignait une visée politique bien caractérisée par le choix des lieux de prédication.

Cette campagne fut entreprise au commencement de février de l'année 1719 et elle se poursuivit avec un ensemble parfait ; huit ou neuf proposants se partagèrent la besogne, et chaque semaine ils tinrent des assemblées aux localités désignées d'avance. La première eut lieu à Mougon, puis vint le tour de Benet, de

Niort, de Saint-Maixent, de la Mothe-Saint-Héraye, de Lusignan, de Couhé et de Saint-Christophe. Celle de Saint-Maixent, tenue le 19 février, fit le plus de bruit ; on y compta jusqu'à 6 à 7,000 personnes. Ce n'étaient plus des réunions de gens timorés, se rassemblant en secret et sans bruit pour prier Dieu ; on assista à de véritables manifestations, qui revendiquaient hautement, par le fait même de leur existence, l'abrogation des édits et le rétablissement du culte public. Aussi les autorités locales s'en émurent-elles et s'empressèrent d'en référer au gouvernement du Régent. Celui-ci, redoutant de voir ces assemblées tumultueuses devenir des foyers de révolte, résolut d'y mettre promptement ordre. Le 21 mars 1719 fut rendue une ordonnance dans laquelle il est dit que le Roi, informé « que quelques particuliers nouveaux con-« vertis s'estant imaginés sans fondement que les assemblées pou-« voient estre permises entre eux, pourvu que l'on n'y portât « point d'armes, en ont tenu quelques-unes au préjudice des « ordonnances rendues à cet égard, et voulant sur cela faire sça-« voir ses intentions et les détromper des idées chimériques que « des esprits mal intentionnés leur ont suggérées », déclare qu'il entend que les ordonnances et déclarations rendues sur le fait des assemblées des nouveaux convertis soient ponctuellement exécu-tées, et fait défense à toutes personnes de se trouver à aucune sous peine d'être punies aux termes desdites ordonnances.

Celle-ci, arrivée à Poitiers le 27 mars, fut le jour même com-muniquée par l'Intendant à ses subdélégués pour la faire publier et afficher ; il leur enjoignait en même temps de tenir la main à son exécution. Mais chacun sait combien une erreur accré-ditée est difficile à déraciner, surtout quand elle flatte le senti-ment vulgaire, et les instigateurs de ce mouvement, qui l'avaient créé en répandant le bruit que le Régent avait donné la per-mission de s'assembler, ne cédèrent pas tout d'abord et conti-nuèrent à convoquer les fidèles sur les « masures » des temples. Le subdélégué de Niort, Laurent Chebrou, fut spécialement chargé de faire exécuter les édits ; avec l'aide de la Maréchaussée et des garnisons de dragons de Niort et de Saint-Maixent, il réussit à empêcher la tenue des assemblées publiquement annoncées. Il chercha aussi, sans grand succès, à mettre la main sur les prédicants dont le zèle entretenait l'agitation popu-

4***

laire, mais les esprits étaient tellement surexcités qu'il se heurta parfois à des résistances à main armée ; les gens les plus compromis dans ces échauffourées passèrent devant la justice et quelques-uns même payèrent de leur vie ces actes de rébellion. D'autre part, le cantonnement, dans les bourgs, de troupes se rendant aux frontières, inspira aux protestants la crainte de voir reparaître les dragonnades du siècle précédent, aussi le feu imprudemment allumé ne tarda-t-il pas à s'éteindre, et la situation générale redevint ce qu'elle était auparavant. Il se tint encore quelques assemblées secrètes dans les bois et les vallons qui entourent la forêt de Lhermitain, mais en général le culte proscrit fut célébré seulement dans des réunions de famille que le pouvoir royal ne songea nullement à troubler ; les prédicants seuls continuèrent à être pendant quelques années l'objet d'une active surveillance.

La chanson que nous publions se rapporte à une des assemblées publiques que provoqua Berthelot, le plus célèbre des prédicants ; elle se tint dans les coteaux du Puits-d'Enfer, non loin de Saint-Maixent, et fut dispersée par les gens de justice de cette ville. Ce dernier fait témoigne qu'elle est postérieure à l'envoi des ordres de la Cour aux subdélégués qui se fit, avons-nous dit, le 27 mars 1719, et de plus, comme il est rapporté qu'elle eut lieu sous une tente, ce fait indique que l'on était dans la belle saison ; tout concourt donc à la placer aux mois de mai ou de juin 1719. Nous ne possédons d'autre renseignement sur cette réunion que le texte de notre chanson ; mais les archives de la Vienne ont heureusement conservé (C. 58) le procès-verbal dressé par le maire de Saint-Maixent de la grande assemblée qui se tint dans cette ville le 19 février précédent et dont la relation, envoyée de divers côtés à Paris, dut produire sur la Cour une vive impression et ramener à la mise en vigueur des ordonnances du règne précédent. Ce procès-verbal, dans sa précision même, donne une idée très juste de ce que devaient être ces réunions « sur les masures des temples » et à ce titre nous croyons devoir le publier ; il y a lieu de le rapprocher d'un récit du même événement fait par le pasteur André Migault dans son *Histoire des principales choses arrivées en Poitou, au sujet de la religion*, de 1720 à 1742, éditée par le *Bull. de l'hist. du prot. franç.*, 1894, p. 138, et de celui

contenu dans une requête conservée aux Affaires étrangères.
(Id., p. 138, note 1.)

« Aujourd'huy dimanche, dix-neuf février mil sept cent
« dix-neuf, nous Césard Henry Birot d'Ariomant, présidant
« au siège royal et maire de cette ville de Saint-Maixent,
« François Brunet, et Charles Bardon, advocats audit siège
« et eschevins de l'hostel de cette ditte ville, assistés de
« Me George Lamoureux, procureur audit siège et greffier
« secrétaire dudit hostel, sur l'advis que nous avons eu, que
« grand nombre de Religionnaires s'atroupoient dans l'an-
« placement où estoit autrefois le Temple, où se faisoit
« l'exercice de la Religion prétandue réformée, scitué au
« fauxbourg Chaslon dudit Saint-Maixent, au préjudice
« et au mépris des édits et déclarations de Sa Majesté, qui
« deffandent ces sortes d'atrouprements, nous nous y
« sommes transportés sur les neuf heures du matin, où
« estant, avons trouvé treize à quatorze cent personnes,
« tant hommes que femmes, qui s'y estoient randus de touttes
« parts, avec une cheire au millieu d'eux, garnie d'un tapis
« vert, dans laquelle estoit un homme quy list dans une
« Bible, et nous en estant aprochés, nous luy avons demandé
« son nom, sa quallité et sa demeure, et s'il ne sçait pas que
« ces sortes d'atroupements sont deffandus ; il nous a répondu
« impudament qu'il s'apelle aujourd'huy comme hier,
« et l'ayant pressé de nous dire son nom, il nous a dit qu'il
« s'apelle Jean Belin, que sa profession est d'estre sarger,
« qu'il demeure au bourg de Pamproult, et qu'ils sont tous
« assamblés pour faire la prière ; à l'instant la femme de
« Daniel Fouquet, bonnetier de cette ditte ville, a dit audit
« Belin de continuer sa lecture et de ne rien craindre, ce
« qu'il a continué de faire, sans voulloir davantage nous
« répondre, et voyant qu'il arrivoit de toutes parts des
« personnes qui grossissoient laditte assamblée, et qu'il se

« fait un murmure, nous avons jugé à propos de nous re-
« tirer dans la maison de la veufve de M⁹ Louis Cochon,
« vivant procureur audit fauxbourg Chaslon. Quelque
« temps après, nous ayant esté rapporté que celluy quy de-
« voit prescher sortoit de la maison du sieur Guillemeau
« Foucaudière, hoste des Trois-Pilliers, et passoit par un
« jardin dudit logis quy joint ledit emplacement, accom-
« paigné dudit Guillemeau et de Louis Pillet et Gaspard
« Claud, habitans dudit Saint-Maixent, nous avons retourné
« au dit lieu de l'assamblée, où nous avons effective-
« ment veu un homme habillé de brun, ayant une perruque
« noire, qui passoit sur les bans, accompaigné desdits
« Pillet et Claud pour aller dans la chère quy estoit
« préparée, en laquelle estoit encore ledit Belin, faisant
« la lecture, lequel estant dessandu, ledit homme habillé
« de brun, qu'on dit se nommer Berthelot, du bourg de
« Sevret, a monté dans laditte cheire, et a commancé par
« faire des prières, et les assistans, au nombre de quatre
« mille personnes ou environ, ont chanté des pseaumes à
« plaine teste, après quoi le dit Berthelot a commancé son
« sermon, par ces mots : « Alors donc, Pierre sortit de la
« maison, et pleura amairement » et a continué à prier, et
« à prescher, et les assistants à chanter, jusque à deux
« heures après midi. Dont tout ce que dessus avons dressé
« le présent procès-verbal, audit fauxbourg Chaslon, les
« jour et an que dessus. Signé en la minutte : Birot,
« Brunet, Bardon, et Lamoureux, secrétaire. LAMOUREUX. »

CHANSON [1]

Marme do vin-tu don Cola [2] ?
Que té tout tor d'aleine,
As-tu écarté té egnas ?
Lé bas don quaèle pleine.
As-tu écarté té egnas
O bé ta vache, o bé ton via ?

Non menami, o né poi quieu
Qui m'a mis en deroute.
Es-to que tu n'as jà soguiu
Qui préchet-ta la Moute ?

---

[1] Cette chanson fut envoyée en 1846 par M. Garran de Balzan, conseiller à la Cour royale de Poitiers, à M. Pressac, bibliothécaire adjoint de la ville, qui recueillait alors des matériaux pour des publications patoises, et à qui l'on doit la réimpression de *La ministresse Nicole*, 1846, et des *Poésies patoises de l'abbé Gusteau*, 1855-1861. L'original, de la main de M. Garran de Balzan, et qui nous appartient, porte ce titre : « Chanson qu'on a chantée à la Mothe-Saint-Hérai »; nous en avons scrupuleusement respecté l'orthographe ultrà-fantaisiste.

[2] Diminutif du nom de Nicolas ; se prend aussi au figuré pour signifier nigaud. On désigne encore ainsi les corbeaux familiers qui, lorsqu'on les appelle, lèvent la tête en regardant d'un air niais.

Bretelot (1), fameux prédican,
Préchet taneut ta Sa Moisan (2).

Ta Bretelot était préchou !
La plaisonte nouvelle,
Car le courit to com in fou,
Son tête ni sarvelle.
Quio qui marchat tout do travers
Les pré, les chomps do Poi d'Enfer (3).

(1) Jean Berthelot fut le plus célèbre des prédicants des assemblées protestantes secrètes, dites du Désert. Il était originaire de
la Villedé (la Villedieu des Coûts), paroisse de la Mothe-
Saint-Héraye, mais avait sa résidence ordinaire au village de
Fombedoire, paroisse de Sepvret. Pendant plusieurs années
il convoqua un grand nombre d'assemblées dans le Haut et le
Bas-Poitou et dans la Saintonge ; mais après les événements de
1719 et la persécution qu'il contribua peut-être à déchaîner, il fut,
étant traqué de tous les côtés, contraint de quitter le Poitou. En
1720 il passa en Normandie où il fit quelques assemblées, puis de
là en Angleterre avec sa femme et ses filles, et mourut à Canter-
buri vers 1730. « C'est celui qui a fait le plus de bruit, dit le pas-
« teur Migault, quoiqu'il n'eut pas le plus de lumière. Il était
« païsan ; il aprennait des sermons par cœur qu'il récitait ensuite
« avec beaucoup de grâce. » (Bull. de l'hist. du prot., 1894, p. 135
et 143.)
(2) Saint-Maixent. Cette façon patoise de prononcer le nom de
Saint-Maixent, usitée sur la Haute-Sèvre, diffère quelque peu de
celle des contrées tirant vers la Gâtine où l'on dit Sé-Moisson.
Dans cette dernière région, le mot Saint se prononce toujours
Sé : Sé-Roumé (Saint-Remy), Sé-Bardou (Saint-Pardoux).
(3) Le Puits-d'Enfer, commune d'Exireuil, à demi-lieue de
Saint-Maixent. Ce vallon sauvage, hérissé de blocs de roches
schisteuses, est traversé par un torrent qui, à un moment donné, se
jette par une cascade dans un assemblage de rochers en forme de

Vo (1), menami, o lé bé quio
Qui foit ton de marvaille,
Le nous za ben charmé tretou
Les zeil et lé zoreilles.
Si tu l'o entendu préchai
Ton dirai otant comme mai.

Si t'avé vu tout quio troupea
Assaré sous la tale (2),
Jacques Naudin (3) tout le premea,
Le Cotet, la Bordage,
Mé les archés, les echevins,
Lé pu grou de la ville,
San venu pre nous dispersai,
Pre nou zempaichai de prêchai.

Lé fidele dézesperé
Ant pris tretou la fouite,
Quielle boune dame Garran (4)

puits, sur lequel circulent les légendes les plus extraordinaires. Tant que le torrent court dans les rochers, au-dessus du Puits-d'Enfer, il s'appelle le Rabanier ; au-dessous, en plaine, il devient le Lisson et a donné son nom à une des portes de la ville de Saint-Maixent. Babu, dans son Eglogue VI, compare les adhérents du protestantisme à des sauterelles sorties du « poy d'Enfer ».

(1) Particule affirmative, qui se dit ailleurs voeil, voil.

(2) Toile. On dit aussi tèle.

(3) Naudin, Cotet, Bordage, Péronneau, étaient des assistants, connus de l'auteur de la chanson, et sans doute fort zélés.

(4) Barbe Conrad, veuve de Jean Garran, bourgeois de Bordeaux, qui avait quitté cette ville en 1697 et avait été s'établir

Portait la sainte Bible,
Y me sé chargé do michot (1)
Quiétoit foit pre la Cène,
E Perounia a pris le brot,
La bé moyen de bère.

à Amsterdam, où il se maria. Sa veuve rentra en France et vint se fixer auprès de son beau-frère Antoine Garran, s^r de la Rebillardière, employé dans les Fermes. Son fils, nommé aussi Jean, né à Amsterdam le 7 mars 1711 et baptisé catholique, fut plus tard receveur des tailles de l'Election de Saint-Maixent.

(1) Petite miche de pain blanc, qui, avec le vin contenu dans le broc dont il est parlé plus loin, avait été apportée pour faire la cène.

INDEX

DES MOTS DONT L'EXPLICATION

SE TROUVE DANS LES NOTES

———————✕———————

	Pages		Pages
Amatini.	104,107	Cauny.	65
Amovy.	121	Celé.	81
Amusou.	107	Chonvre.	112
Anuche.	107	Cions.	121
Appellopin.	91,107	Civé.	62
Aquuchont.	119	Cola.	141
Argremme.	62	Comisoire.	123
Armoise.	119	Coui.	118
Asouche.	107	Coulonge.	67
Aubé (Les).	118	Cous.	69
Aunie.	114	Coy.	71
Baize.	123	Crezi.	120
Batra.	118	Crolle.	59
Bissestre.	94	Defourneillé.	108
Bobelique.	120	Defructu.	89
Bosse.	60	Degreni.	121
B'rdodo.	89	Degueuti.	105
Bretelot.	142	Delezy.	68
Brisecache.	107	Deloiremont.	59
Brizemage.	119	Desorinant.	97

	Pages		Pages
Diabezo.	106	Mesonchère.	87
Diamire.	85	Michot	144
Dole.	109	Mirlandois.	38
Dondelot.	60	Moulin Nu.	118
Double.	62	Moute (La).	118,141
Duron.	104	Negre.	63
Ecopea.	117	Nerme.	60, 92
Egléise.	105	Pallot.	87
Emmolé.	64	Papistre	61
Epunaisi.	95	Pastou	64
Escot.	89	Peare.	121
Essoudin.	118	Pégnou	87
Exoudin.	88,117	Peuzau	91
Feillau	61	Piron.	84
Feilles.	69	Placre.	109
Fère.	71	Platre.	109
Fetegoy.	97	Plinse.	68
Feuillet.	63	Poi d'Enfer	142
Fortbanny.	84	Poité.	61
Fouit.	92	Prêchemontrie.	106
Framme.	60	Preculou.	63, 109, 122
Gaudre.	120	Prepoen	93
Gogne.	62	Priolea.	93
Guierreoux.	60	Prequiu	90
Guinot.	99	Prettotau.	89
Hapelopin.	91, 106	Prious	69
Hasle.	65	Proncen.	86
Issoudin.	118	Queneussonce.	111
Jon Fouit.	92	Ragage.	87
Jon Nerme.	60, 92	Rame.	86
Lanteil.	84	Rébet	90
Leuve.	99	Repousse.	88
Lezegnen.	83	Rescontre.	113
Mail.	116	Rey.	63
Malescontre.	113	Rimou	96
Marea.	110	Robe (Grond)	93
Marque.	110	Rolle.	66

	Pages			Pages
Rouon (de) .	71	Teteguy .		97
Sa·Moisan.	142	Trefuer .		70
Sain-Moison.	115	Tromblou		85
Saugrené.	92	Tyre .		61
Sé-Bardou .	142	Verrine .		67
Sé-Moisson	142	Viremoen.	82,	116
Sé-Roumé .	142	Viri .		105
Sen-Cretofle	72	Vo, Voeil, Voil.		143
Tale, têle.	143	Vreturoux.		60

TABLE

Avant-propos 5

Notice sur Jean Babu (1631-1700) 9

Notes sur l'histoire du protestantisme en Poitou de 1661
   a 1789. 29

   Procès-verbal d'une dragonnade en 1681. 45

Démolition du temple de Champdenier en 1663 (Les Deloiremont). 53

Démolition du temple d'Exoudun en 1667 (La Doleonce). 73

   Tables de la loi du temple d'Exoudun. 81

Démolition du temple de la Mothe-Saint-Héraye en 1682
   (Dialoge). 101

Démolition du temple de Saint-Maixent en 1685. . . . 125

Prêches par les prédicants en 1719 (Chanson). 135

Index 145

ACHEVÉ D'IMPRIMER

Le vingt-neuf août mil huit cent quatre-vingt-seize

PAR OUDIN ET Cie

A POITIERS